GONZALO FEDERICO PÉREZ SALAZAR

DIÁLOGO JURISPRUDENCIAL EN VENEZUELA

COLECCIÓN MONOGRAFÍAS
N° 13

cidep
Centro para la Integración y el Derecho Público

Cita sugerida: Gonzalo Federico Pérez Salazar, *Diálogo jurisprudencial en Venezuela* (Caracas: Centro para la Integración y el Derecho Público y Editorial Jurídica Venezolana, 2026)

Primera publicación: Centro para la Integración y el Derecho Público (CIDEP) y Editorial Jurídica Venezolana, 2020.

ISBN: 979-8-90529-022-0

Publicado por
CENTRO PARA LA INTEGRACIÓN Y EL DERECHO PÚBLICO
Un sello editorial de CIDEP LLC
www.editorial.cidep.online
editorial@cidep.online

TÍTULOS DE LA COLECCIÓN

1. *Derecho Administrativo,* LOPNNA *y protección de niños, niñas y adolescentes*, Jorge Luis Suárez Mejías.
2. *Casos de estudio sobre la expropiación en Venezuela*, Samantha Sánchez Miralles.
3. *Constitución, integración y Mercosur*, Jorge Luis Suárez Mejías.
4. *Derecho Administrativo y arbitraje internacional de inversiones*, José Ignacio Hernández.
5. *El estado de excepción a partir de la Constitución de 1999*, Gabriel Sira Santana.
6. *La ejecución de sentencias en el proceso administrativo iberoamericano* (España, Perú, Costa Rica, Colombia *y* Venezuela), Miguel Ángel Torrealba Sánchez.
7. *La teoría de la cláusula exorbitante. El tránsito de la cláusula derogatoria a la potestad administrativa contractual en los sistemas de contratación pública*, José Araujo-Juárez.
8. *Las situaciones administrativas en la función pública*, José Gregorio Silva Bocaney.
9. *Violaciones del derecho a la defensa en el procedimiento sancionatorio venezolano*, Flavia Pesci Feltri.
10. *Consideraciones sobre las fuentes del Derecho Constitucional y la interpretación de la Constitución*, Claudia Nikken.
11. *El control constitucional de las decisiones judiciales*, Rafael Chavero Gazdik.
12. *La vigencia temporal de los criterios jurisprudenciales en materia tributaria*, Taormina Cappello Paredes.
13. *Diálogo jurisprudencial en Venezuela*, Gonzalo Federico Pérez Salazar.

GONZALO FEDERICO PÉREZ SALAZAR es Abogado, especialista en Derecho Administrativo y Doctor en Derecho por la Universidad Central de Venezuela. Coordinador y profesor de la especialización en Derecho Procesal Constitucional de la Universidad Monteávila. Miembro Titular de la Asociación Colombiana de Derecho Procesal Constitucional, del Instituto Iberoamericano de Derecho Procesal Constitucional y de la Asociación Mundial de Justicia Constitucional. Director del Centro de Estudios de Derecho Procesal Constitucional de la Universidad Monteávila.

VEREDICTO

Quienes suscriben, miembros del jurado designado por el Consejo de la Facultad de Ciencias Jurídicas y Políticas de la Universidad Central de Venezuela, para examinar, la TESIS DOCTORAL, presentada por: GONZALO FEDERICO PÉREZ SALAZAR, cédula de identidad N° V-6.749.604, bajo el título "DIÁLOGO JURISPRUDENCIAL EN VENEZUELA. ESPECIAL REFERENCIA A LA UTILIZACIÓN DE LA JURISPRUDENCIA EXTRANJERA POR LA SALA CONSTITUCIONAL DEL TRIBUNAL SUPREMO DE JUSTICIA", a fin de cumplir con el requisito legal para optar al grado académico de DOCTOR EN CIENCIAS, MENCIÓN DERECHO, dejan constancia de lo siguiente:

Leído como fue dicho trabajo por cada uno de los miembros del jurado, se fijó el veintitrés (23) de julio de 2018 a las 9:00 am, para que el autor lo defendiera en forma pública, lo que éste hizo en la sala de Conferencias del Centro de Estudios de Postgrado de la facultad de Ciencias Jurídicas y Políticas, mediante un resumen oral de su contenido, luego de lo cual respondió satisfactoriamente a las preguntas que le fueron formuladas por el jurado, todo ello conforme con lo dispuesto en el Reglamento de Estudios de Postgrado.

Finalizada la defensa del trabajo, el jurado decidió APROBARLO, por considerar, sin hacerse solidario con las ideas expuestas por el autor, que se ajusta a lo dispuesto y exigido en el Reglamento de Estudios de Postgrado. El jurado, por unanimidad, decidió otorgar la calificación de EXCELENTE, por considerarse de excepcional calidad, realizando una investigación profunda acompañada de mucha información e interpretación, lo cual hace que dicho trabajo sea suficientemente descriptivo, reflexivo y novedoso sobre los puntos tratados. El jurado, se permite mencionar, que vería con agrado que este Trabajo especial de grado fuese objeto de su publicación.

En fe de lo cual se levanta la presenta ACTA, a los veintitrés días (23) de julio de 2018, conforme al Reglamento de Estudios de Postgrado, actuó como Coordinador del jurado el Dr. Román Duque Corredor.

Dr. Raúl Arrieta (UCV)

Dr. Eugenio Hernández Bretón (UCV)

Dr. Francisco Delgado (UCV

Dr. Humberto Romero Muci (UCV)

Dr. Román Duque Corredor (Tutor)

AGRADECIMIENTO

A mi esposa Jessica, por su paciencia al soportar las largas horas de desvelo para terminar este nuevo reto de vida.

A mis hijos Gonzalo y Anna, como un testimonio de que la edad no es excusa para seguir aprendiendo.

A la Universidad Central de Venezuela, mi alma mater, como un aporte en sus primeros 300 años, en momentos donde es vital acompañarla a vencer las sombras.

A todos los que dieron su vida por recuperar la democracia en Venezuela, durante estos 17 años de desmontaje de nuestros valores republicanos. A Dios, la Virgen María, San Josemaría Escrivá y San Marcelino Champagnat, por darme la fe suficiente para no abandonar el camino del bien.

ÍNDICE

ABREVIATURAS **15**

PRÓLOGO **17**

INTRODUCCIÓN **25**

CAPÍTULO I: EL DERECHO CONSTITUCIONAL CONTEMPORÁNEO Y SU INCIDENCIA EN EL DIÁLOGO JURISPRUDENCIAL **35**

i. Aproximación a la noción de Constitución 35
ii. Evolución del constitucionalismo y su impacto en la comunicación de ideas 42
iii. Precisiones sobre el neoconstitucionalismo 53
iv. El nuevo constitucionalismo latinoamericano 63

CAPÍTULO II: ESPECIFICIDAD DE LA ARGUMENTACIÓN CONSTITUCIONAL **69**

CAPÍTULO III: INFLUENCIA DEL DERECHO INTERNACIONAL DE LOS DERECHOS HUMANOS EN EL DIÁLOGO JURISPRUDENCIAL **83**

CAPÍTULO IV: APROXIMACIÓN TERMINOLÓGICA DEL DIÁLOGO JURISPRUDENCIAL **87**

i. Definición 87
ii. Elementos del diálogo jurisprudencial 103
iii. Tipos de diálogo jurisprudencial 106
iv. Diferencia con figuras afines 112
v. Control de convencionalidad 120
vi. La interpretación conforme 128
vii. Margen de apreciación 131

CAPÍTULO V: DIÁLOGO JURISPRUDENCIAL EN LA SC-TSJ **135**

i. Diálogo de la SC-TSJ con el Sistema Interamericano de Derechos Humanos 135

1. De la ruptura del diálogo al control de convencionalidad a la inversa ... 135
2. Uso del sistema interamericano de derechos humanos por parte de la SC-TSJ ... 144
3. Reparación, condenas y cumplimiento de sentencias de la Corte IDH contra Venezuela ... 153
ii. Diálogo conflictivo de la SC-TSJ y la Sala Constitucional de Costa Rica ... 157
iii. Los usos de la jurisprudencia de las altas cortes foráneas por parte de la SC-TSJ ... 159
1. Tribunal Constitucional Español ... 159
2. Tribunal Constitucional Federal Alemán ... 170
3. Corte Suprema de los Estados Unidos de Norteamérica ... 171
4. Corte Constitucional Italiana ... 174
5. Corte Constitucional Colombiana ... 175
iv. Tensiones generadas por ruptura o imposición del diálogo jurisprudencial con otros poderes nacionales ... 181
1. La acción de interpretación como mecanismo de apertura y cierre constitucional ... 181
2. Las sentencias exhortativas y su impacto en el diálogo jurisdiccional ... 195
3. El obiter dictum como mecanismo de diálogo jurisdiccional ... 198
v. El choque de trenes entre la SC-TSJ y la Asamblea Nacional ... 200
1. La interpretación del artículo 31 de la Ley de Impuesto sobre la Renta ... 200
2. La teoría del desacato y sustitución de competencias 202
3. La Ley de Amnistía y Reconciliación Nacional ... 206

CONCLUSIONES Y RECOMENDACIONES ... 215

BIBLIOGRAFÍA ... 223

ABREVIATURAS

Constitución de la República Bolivariana de Venezuela (CRBV)

Corte Interamericana de Derechos Humanos (Corte IDH)

Convención Americana de Derechos Humanos (CADH)

Comisión Interamericana de Derechos Humanos (CIDH)

Sala Constitucional del Tribunal Supremo de Justicia venezolana (SC-TSJ)

Tribunal Europeo de Derechos Humanos (TEDH)

Tribunal Comunitario Europeo (TCE)

Convención Europea de Derechos Humanos (CEDH)

PRÓLOGO

Román J. Duque Corredor

La sola denominación de la Tesis de Gonzalo Pérez Salazar, cuya presentación generosamente me solicitó, "DIÁLOGO JURISPRUDENCIAL EN VENEZUELA. ESPECIAL REFERENCIA A LA UTILIZACIÓN DE LA JURISPRUDENCIA EXTRANJERA POR LA SALA CONSTITUCIONAL DEL TRIBUNAL SUPREMO DE JUSTICIA", por sí misma es propia para un prólogo. En efecto, más que el título de su trabajo de grado de doctorado es toda una conclusión o proposición que influye en el Sistema de Fuentes del Derecho Constitucional y en la Teoría General de la Interpretación Jurídica, que sustenta en razonamientos debidamente justificados y fundamentados. En efecto, en primer lugar incluye el llamado "diálogo jurisprudencial", o doctrina paritaria y reciproca de tribunales internacionales y nacionales, como elemento de formación de normas jurídicas, es decir, de fuente del Derecho y no como modelo normativo impuesto o uniforme por convenios o tratados. Lo segundo, es la consideración de los tribunales internacionales como formadores de esas normas, como dice Lucio Pergoraro, a través del dialogo trasversal y reciproco de su doctrina jurisprudencial con tribunales constitucionales[1]. Y, en tercer lugar, la definición de los derechos humanos y de su protección universal como el objeto

---

1 Pergoraro, Lucio, "Estudio Introductorio. Trasplantes, injertos, diálogos. Jurisprudencia y doctrina frente a los retos del Derecho Comparado", en la obra colectiva *Dialogo Jurisprudencial en Derechos Humanos entre Tribunales Constitucionales y Cortes Internacionales*, In Memoriam de Jorge Carpizo, Coordinadores Eduardo Ferre Mac-Gregor-Alonso Herrera García, Corte Interamericana de Derechos Humanos, Instituto Interamericano de Derecho Constitucional, Universidad Autónoma de México, México DF, 2013, p. 37.

del diálogo en cuestión. Aparte de estas consideraciones relativas a las fuentes del Derecho Constitucional y a la Teoría General de la Interpretación Jurídica, Gonzalo Pérez Salazar, destaca, en su ilustrada Tesis, cómo la aplicación del principio de soberanía nacional absoluta y del criterio de la inejecutabilidad de las sentencias del sistema interamericano, por parte de la Sala Constitucional del Tribunal Supremo de Justicia, sobre la base solo de argumentos de autoridad; han aislado a la jurisdicción venezolana del diálogo jurisprudencial con los tribunales y cortes internacionales. En otras palabras, la referida Sala ha construido "una cortina de hierro" que impide la aplicación del principio de la justicia universal de protección de los derechos humanos, a la que se ha comprometido Venezuela; y que contraría la garantía de la primacía de estos derechos, reconocidos por la vigente Constitución, en sus artículos 2°, 19, 22, 23 y 31; y que, por lo tanto, tal principio y dicha garantía, no tengan vigencia y eficacia en nuestro país.

Aparte de la manipulación o maquillaje que la referida Sala hace de la jurisprudencia extranjera para resolver casos que son trasladados a una realidad diferente, citados fuera de contexto y en algunos casos omitidos deliberadamente, como también lo afirma el autor en su Tesis que prologo y que demuestra con el catálogo de más cien (100) sentencias, paradigmáticas del cinturón de hierro jurisprudencial que existe en Venezuela frente a los principios de progresividad de los derechos humanos de la justicia universal y del modelaje o afeite de la jurisprudencia internacional sobre derechos humanos para justificar o convalidar su violación por los poderes del Estado.

La proposición de la tesis de Gonzalo Pérez Salazar, del dialogo jurisprudencial o comunicación interjudicial entre las altas cortes de justicia internacionales, las altas cortes nacionales y entre ambas; como fuente del Derecho Constitucional, mediante la doctrina reciproca de estos tribunales, bajo el soporte del Derecho Comparado, o el quinto método de interpretación de la Constitución, como lo llama Peter Häberle[2]; tiene un amplio desarrollo argumentativo, en el aspecto investigativo de su Tesis, de comprobación de su hipótesis de considerar el dialogo jurisprudencial como elemento material, formativo del Derecho Constitucional; y de un diálogo conflictivo, según lo califica el mismo Gonzalo Pérez Salazar, entre el Poder Judicial venezolano y otras Cortes Constitucionales, o hasta Internacionales. Particularmente, con la Corte Constitucional italiana, la Corte Constitucional Colombiana, la Corte Suprema de los Estados Unidos o el Tribunal Federal Constitucional alemán, puesto que demuestra cómo, en algunos casos, la referida Sala cita sentencias de dichas Cortes o Tribunales, bajo argumentos de autoridad para justificar sus decisiones; o, como adornos, sin meditar siquiera el impacto en el país exportador de la idea, o en su contexto o su vigencia. Y, en otros casos, demuestra también Gonzalo Pérez Salazar, que la Sala en cuestión cita sentencias de esos tribunales sin percatarse que se trata de sentencias bastante antiguas y ocultando su prolífica y reciente jurisprudencia; o, interpretándolas en un sentido unidireccional o de un monólogo, más que de dialogo. Y aún más grave son los casos, de lo que el autor en comento llama "choque de trenes", que se ha producido desde finales de 2015, entre la Sala Constitucional y la Asamblea Nacional, por más de 64 sentencias mediante las cuales la ha desprovisto de sus competencias y declarado nulos todos sus actos legislativos o acuerdos. Ello ha sido de tan grave impacto en el tema del diálogo jurisprudencial, que organizaciones internacionales han impuesto sanciones por violación de principios democráticos de orden internacional, que han conducido al Poder Judicial venezolano a un aislamiento, hasta el punto de no considerarlo un interlocutor válido, sino como un eremita o ermitaño.

Las conclusiones anteriores, que comprueban la hipótesis del dialogo jurisprudencial como fuente del Derecho Constitu-

---

2 Häberle, Peter, "*Principios de la Interpretación Constitucional, Un catálogo de problemas*" (Traducción de Francisco Balaguer Castejón (http://www.ugr.es/~redce/REDCE13/articulos/Haeberle.htm).

cional, relativo al sistema democrático del Estado de Derecho y a la justicia universal de protección y de respeto de los derechos humanos; tienen en el desarrollo de la parte investigativa y monográfica de la Tesis de Gonzalo Pérez Salazar, un orden sistemático y coherente, que el autor lleva a cabo con capacidad analítica, en el área específica del llamado diálogo jurisprudencial, que representa un aporte científico para su estudio. Lo cual complementa con una amplia referencia bibliográfica y de repertorios de jurisprudencia internacional y extranjera. Tan enjundiosa es la Tesis, que comento, que hacer del prólogo otro de sus capítulos, sería abusar de la generosidad del autor, puesto que un prólogo no debe ser sino una introducción o explicación de una obra, para motivar el interés por su lectura. Por lo que en verdad, me corresponde, como prologuista, es referirme al autor y a sus méritos.

Gonzalo Pérez Salazar se ha desbordado al solicitarme que presente al público lector, su Tesis, calificada de excelente, por el Jurado Examinador para su Grado de Doctor; por lo que, como prologuista, como he dicho, debo limitarme a la presentación del autor o la explicación de sus propósitos. Ello es lo que corresponde al significado que la palabra prólogo tiene de exordio o de preliminar o de prefacio. En ese orden de ideas, dada la realidad, indiscutible, de sociedades cada vez más interconectadas, que incluso por su universalización llega hasta sacudir el esquema tradicional de las fuentes del Derecho, no dudo en afirmar que Gonzalo Pérez Salazar innova en la utilización del método comparado del Derecho Constitucional, que responde con una nueva mentalidad cónsona con el universalismo del Derecho, propia de su formación como jurista prometedor de la nueva generación de maestros del Derecho venezolano. Y es que el pensamiento de Gonzalo Pérez Salazar, en palabras de Antonio Enrique Pérez Luño, como jurista, se asemeja a los fenómenos atmosféricos que se producen y se expanden y que no pueden encerrarse en fronteras nacionales[3]. Por ello tampoco dudo, sin exageración, en denominar su ensayo jurídico de Derecho Constitucional y de Derecho Comparado como método de revisión de sus principios fundamentales y de sus métodos de interpretación y de investigación. A lo anterior se agrega la experiencia docente de Gonzalo Pérez Salazar, para orgullo de las universidades donde dicta cátedras como un catedrático académico titular.

Por otra parte, debo significar, como mérito, que la Tesis de Gonzalo Pérez Salazar, viene a demostrar científicamente los poderes controladores que sobre el Poder Judicial venezolano ejerce el régimen del gobierno, hasta el punto de convertirse en un factor de exclusión de Venezuela del sistema de justicia universal, lo cual se evidencia a través del estudio que el autor hace de las sentencias de la Sala Constitucional cuando afeita o modela la jurisprudencia de cortes y tribunales constitucionales extranjeros o internacionales, para justificar violaciones a derechos fundamentales o a principios del orden democrático constitucional e internacional. Ello lleva a la conclusión como acertadamente infiere el autor, que es evidente que la rama judicial del Estado en el mundo contemporáneo no puede aislarse del proceso de construcción del orden internacional de los derechos ciudadanos y sociales, por el crecimiento significativo de la protección universal de estos derechos. Sobre todo cuando a nivel constitucional se incorpora al derecho nacional esos principios de la justicia universal y cuando, como lo afirma el autor de la Tesis que presento, que en este mundo contemporáneo existe "una expansión derivada de fenómenos como la masificación del uso del internet, la globalización, la mundialización del derecho internacional de los derechos humanos y la constitucionalización del ordenamiento jurídico, que ha conducido a la necesaria comunicación interjudicial entre las altas cortes de justicia internacionales, las altas cortes nacionales y entre ambas, en procura de buscar

---

3 "El desbordamiento de las fuentes del Derecho", La Ley Grupo Wolters Kluwer, Madrid, 1ª Edición, junio 2011, p. 101.

mediante un lenguaje común, la solución de asuntos medulares y prevenir otros que puedan presentarse". Y asimismo, cuando hay una decisiva influencia del constitucionalismo contemporáneo "en el diálogo jurisprudencial", que permite ubicar "factores comunes que lo impactan, como la globalización, la protección universal de los derechos humanos, la inmigración y la seguridad nacional, el uso masivo del internet, la integración y la búsqueda de un ciudadano cosmopolita, que rompen la concepción tradicional de estudio sistemático de las Constituciones, sus instituciones y los mecanismos de control constitucional, por una búsqueda de métodos propios de los comparatistas para la solución de asuntos análogos como la integración, implantación, importación o migración de ideas, instituciones, sentencias, sistemas o legislación foránea". Ciertamente, hoy, como se reconoce, vivimos en "una aldea global", según Marshall McLuhan, o un mundo sin barreras, donde en segundos se transmiten los principios socioculturales por la comunicación. Dentro de ellos los principios de las declaraciones del reconocimiento universal de que los derechos básicos y las libertades fundamentales son inherentes a todos los seres humanos, inalienables y aplicables en igual medida a todas las personas, y que todos y cada una de las personas han nacido libres y con igualdad de dignidad y de derechos. Principios que informan hoy día las constituciones de los países que han acogido como forma política jurídica la del Estado democrático y social de Derecho y como valor superior de su ordenamiento jurídico la preeminencia de los derechos humanos, como en el caso de Venezuela, como así se reconoce en el artículo 2°, de su Constitución.

Todo lo anterior contribuye a justificar la proposición que señala, Gonzalo Pérez Salazar, por no ser contrario al principio de la soberanía y de la integridad de la Constitución, del reconocimiento de la competencia de la Corte Interamericana de Derechos Humanos y la Comisión Interamericana de Derechos Humanos por parte del Gobierno de Venezuela y de la instrumentalización de estándares universalmente aceptados en materia de derechos humanos por parte del Poder Judicial venezolano, principalmente por la

Sala Constitucional del Tribunal Supremo de Justicia; lo cual incidirá positivamente en la solución de las grandes calamidades que ha producido una justicia parcializada por interpretaciones ideologizadas de la indicada Sala. En ello, como lo señala el mismo Gonzalo Pérez Salazar, es trascendente "la labor del diálogo jurisprudencial como elemento que permitirá la solución de la violación sistemática de los derechos humanos por parte del Gobierno de Venezuela, lo que es perfectamente posible con el cumplimiento del artículo 23 de la CRBV, que obligaría a los jueces a aplicar preferentemente, por ejercicio del control de convencionalidad, las decisiones de los órganos que conforman el sistema interamericano de derechos humanos". Tal proposición, coincide con las proposiciones generales para una Teoría General de los Diálogos Judiciales, en el ámbito constitucional, a la que se refiere Rafael Bustos Gisbert, que facilita la existencia de normas de conexión material entre ordenamientos nacionales e internacionales y que legitima democráticamente el ejercicio de la función jurisdiccional, cuanto más débil sea la institucionalidad política democrática; y, que además, no contradice el principio de la soberanía en los casos de jurisprudencia internacional vinculante[4].

Solo me queda agradecer el exceso de bondad y el gesto de generosidad, de Gonzalo Pérez Salazar, que correspondo con presentar el Prólogo de su Tesis, "DIÁLOGO JURISPRUDENCIAL EN VENEZUELA. ESPECIAL REFERENCIA A LA UTILIZACIÓN DE LA JURISPRUDENCIA EXTRANJERA POR LA SALA CONSTITUCIONAL DEL TRIBUNAL SUPREMO DE JUSTICIA"; con el mayor afecto que se merece por su consecuencia para

[4] Bustos Gisbert, Rafael, "Proposiciones Generales para una Teoría de los Diálogos Judiciales", en la obra colectiva *Diálogo Jurisprudencial en Derechos Humanos entre Tribunales Constitucionales y Cortes Internacionales*, In Memoriam de Jorge Carpizo, Coordinadores Eduardo Ferre Mac-Gregor-Alonso Herrera García, Corte Interamericana de Derechos Humanos, Instituto Interamericano de Derecho Constitucional, Universidad Autónoma de México, México DF, 2013, p. 170-217.

conmigo al haberme designado también tutor de tan excelente ensayo; Y, que espero sea en verdad un testimonio del valor científico de su Tesis, fruto de su esfuerzo propio de su condición de acreditado jurista; y que por su contenido, la ciencia jurídica venezolana se enaltece y llena de orgullo a quien como yo, Gonzalo Pérez Salazar considera sus amigos.

Caracas, 2 de marzo de 2020

INTRODUCCIÓN

El tema del diálogo jurisprudencial está ubicado en un área gris entre varias disciplinas que se retroalimentan, como son el derecho constitucional comparado, el derecho internacional de los derechos humanos, el derecho procesal constitucional, el derecho internacional, el derecho de la integración y la teoría general del derecho, al abordar el impacto de la migración jurisprudencial, producto de la circulación de las ideas que son universalmente utilizadas para la protección de los derechos humanos, la defensa de la Constitución e incluso ajenos a lo netamente jurídico, como son los económicos, de seguridad o inmigración, procurando la búsqueda de un *ius comune* internacional –o al menos un lenguaje común– sobre los grandes temas del derecho y la prevención de que se dicten decisiones contrarias a los consensos logrados a ese nivel.

Es muy frecuente en Iberoamérica, en especial en Venezuela, ver como instituciones ajenas a nuestra cultura e historia son trasladadas de un ordenamiento jurídico a otro, sin medir las consecuencias en su aplicación, lo que nos permitirá desarrollar de manera sistematizada y diferenciada lo que se denomina como el préstamo constitucional (*borrowing*), circulación jurisprudencial, trasplantes legales (*legal transplantation*) o cruces de fertilización (*cross-fertilization*), como modalidades de ese diálogo trans-judicial.

Teniendo clara la conceptualización de estas figuras –afines–, encontraremos ejemplos de traslado de sistemas o normas, para la solución de un problema general o específico en un momento determinado, lo que se trasladado a la realidad venezolana luce imperativo, dado el desmontaje del Estado de Derecho.

Para medir el impacto que ha tenido en Venezuela el uso de la jurisprudencia extranjera, la importación de sistemas o normas en general, enfocaremos nuestro análisis en la jurisprudencia de la SC-TSJ. En ese orden de ideas, de manera prematura podemos afirmar que constituye un lugar común que la SC-TSJ utilice de manera indiscriminada y sin un orden alguno la jurisprudencia de otros Tribunales Constitucionales, Altas Cortes de Justicia o Tribunales de Derechos Humanos, para resolver casos que son trasladados a una realidad diferente, citados fuera de contexto y en algunos casos omitidos deliberadamente.

Ello nos sitúa en una línea transversal de investigación que se nutre del derecho internacional, el derecho constitucional, los derechos humanos, el derecho procesal constitucional y la filosofía del derecho, ya que transita entre: i) el sistema de fuentes del derecho, por el valor de las decisiones judiciales (precedente o su carácter vinculante) e incluso de la doctrina (nacional y extranjera), ii) conceptos como el de soberanía, por la recepción y traslado de particularidades de un sistema foráneo a otro e incluso la recepción de la jurisprudencia de las altas cortes de derechos humanos por vía de la interpretación que éstas hagan sobre las convenciones que le den sustento (control de convencionalidad), iii) el contraste entre el indispensable entendimiento (prácticas dialógicas vs diálogo jurisprudencial) previo a una decisión de gran impacto producida por alguna sentencia relevante y la separación de poderes, al dejar las grandes decisiones en manos de un grupo de magistrados que no han sido electos por el voto popular y que pretenden imponerse al legislador democrático, iv) lo que además roza temas propios de la argumentación jurídica por la necesidad de convencer con una sentencia a una audiencia variada sobre tópicos medulares, y v) la necesidad del respeto de la pluralidad, la dignidad humana y las minorías políticas por la imposición de jurisprudencia manipulativa bajo la modalidad de interpretación aditiva o extensiva.

La afinidad con el tema escogido proviene de distintos factores que se han presentado a lo largo de nuestra vida académica y profesional, entre ellos el estudio de la jurisprudencia de las altas cortes de justicia en derechos humanos y las altas cortes de justicia en varios países, logrando destacar *a priori* una tendencia cada vez más elevada de circulación jurisprudencial entre éstas y la exagerada utilización del argumento de autoridad *ad abundantian* para justificar sus decisiones con jurisprudencia o doctrina de otros países o altas cortes de derechos humanos.

Quizás el mayor reto sea el de no dispersar el tema al pretender extenderlo a un análisis de derecho comparado que abarque todas las altas cortes de justicia, de allí que, se circunscribirá a un análisis general sobre su tratamiento, como marco conceptual, para luego mediante la utilización del método deductivo, aterrizarlo en la realidad venezolana de estos últimos 20 años, la cual por demás se ha convertido en el laboratorio jurídico por excelencia que permitirá de forma gráfica apreciar lo que podría ser la deformación del diálogo jurisprudencial.

La utilidad del tema está en que puede convertirse en una respuesta a los problemas generados por la tendencia hiperactivista de nuestra Sala Constitucional, al sistematizar y proponer unos mecanismos novedosos en el derecho comparado que permitan establecer un orden en la utilización de argumentos no falaces y adecuados en sus sentencias, así como la circulación jurisprudencial, con la que se busca un diálogo entre altas cortes que permita uniformar un lenguaje sobre temas vitales como el debido proceso, derecho a la vida, libertad de expresión, entre otros y prevenir que esos casos, que son resueltos por un tribunal determinado, sean conocidos y tomados en cuenta por sus pares de otros países. Además, pretendemos hacer un llamado de atención a la SC-TSJ para que se acerque más a los estándares internacionales en materia de protección de derechos humanos y no se aísle de una tendencia expansiva de colaboración y comunicación permanente entre las altas cortes nacionales y las internacionales.

El tema de la circulación jurisprudencial es de obligatorio estudio para comprender el impacto que producen las decisiones de tribunales extranjeros sobre temas asuntos del derecho constitucional comparado y los mecanismos de recepción por otros tribunales.

En Venezuela, la discusión se sitúa en un plano muy distinto al que normalmente se aprecia en otras latitudes, toda vez que la SC-TSJ ha declarado inejecutables sentencias dictadas por la Corte IDH e incluso ha exhortado a la denuncia de la CADH, producto de ejercer un supuesto test de constitucionalidad entre las sentencias y la CRBV.

De otro lado, apreciamos que la tendencia de los demás países de Latinoamérica es la de avanzar en la consolidación de un lenguaje común en materia de derechos humanos, en virtud del ejercicio del denominado control de convencionalidad, que constituye una forma de aplicación de las sentencias dictadas por los órganos especializados del sistema interamericano por parte de los tribunales nacionales, es decir, todo lo contrario a lo que realiza Venezuela.

Sin embargo, hemos apreciado como, a pesar de que la SC-TSJ ha declarado inejecutables sentencias de los órganos internacionales de protección de los derechos humanos, encontramos múltiples sentencias que han declarado con lugar demandas de nulidad de normas o anulado sentencias por violatorias de alguna de las Convenciones que integran el sistema interamericano, por ejemplo, en materia de tortura, de violencia de género, en desapariciones forzadas, entre otros. Lo anterior nos impulsa a determinar si existe un falso diálogo en la jurisprudencia patria.

Consideramos importante el estudio del diálogo jurisprudencial, pues nos permitirá descubrir cuál ha sido el tratamiento de la jurisprudencia extranjera por parte de la SC-TSJ, los que nos obliga a indagar sobre los argumentos de sus decisiones. Pretendemos descifrar sí los argumentos de autoridad son justificación válida de las decisiones de la Sala o son simples adornos para rellenarlas de criterios que ni siquiera son trasladables a nuestro país.

En el contexto de un mundo globalizado, donde se produce la circulación de jurisprudencia entre tribunales nacionales e internacionales como un mecanismo de migración de ideas para procurar un *ius comune* en los grandes temas de derechos humanos y derecho constitucional, se pretende analizar la incidencia que ha tenido ese diálogo en las decisiones de la Sala Constitucional venezolana desde su creación.

Consideramos que el estudio pormenorizado de la jurisprudencia de la Sala Constitucional venezolana permitirá plantear la manera de solucionar el problema que se deriva de la argumentación de sus decisiones con casos resueltos por tribunales foráneos, principalmente, por la Corte IDH y algunos Tribunales, Cortes o Salas Constitucionales de Italia, España, Alemania, Costa Rica, Colombia, Estados Unidos, entre otros, para con ello precisar cuál es el uso de esa jurisprudencia y armonizarla con las corrientes actuales de la justicia constitucional.

La utilidad de la investigación para la sociedad está íntimamente ligado con esa aparente percepción de que los grandes temas del derecho-política han sido resueltos por la Sala Constitucional y de que posiblemente ha intervenido como un órgano contramayoritario en la relación de diálogo interno u horizontal (ciudadano-poder) o multinivel (altas cortes internacionales-tribunales nacionales).

Reconocemos que el problema planteado no es pacífico, pues es abordado de forma parcial o equivocada por la doctrina. A pesar de ello, consideramos que durante el desarrollo de la investigación podremos lograr ciertos consensos que permitan comprender la trascendencia del diálogo jurisdiccional en el marco de la justicia constitucional. En ese arqueo necesario de fuentes, hemos conseguido que, para algunos, el problema se circunscribiría en el derecho constitucional comparado por tratarse de un análisis de la influencia que el derecho internacional tiene sobre el derecho interno y la pugna que existiría entre Constitución, soberanía y derechos fundamentales. Otro sector de la doctrina ve el tema desde la perspectiva de la influencia que las altas cortes de justicia en materia de derechos humanos han tenido en los distintos sistemas regionales donde intervienen y principalmente en la recepción de sus decisiones por las altas cortes nacionales o simplemente tribunales nacionales. A su vez, conseguimos un nutrido sector de la doctrina, de gran difusión en la actualidad, que lo enfoca desde la perspectiva de la teoría general del derecho, para analizar los argumentos que esas cortes internacionales utilizan para justificar sus decisiones y la circulación de ellos entre las demás cortes nacionales. Finalmente, encontramos un grupo minoritario, que propone la justicia dialógica como proceso de buscar consensos en los nuevos modelos constitucionales donde la sociedad tiene mayor participación en la toma de decisiones.

El problema planteado permitirá poner en evidencia las graves distorsiones que posiblemente se han generado en Venezuela con la implementación de un nuevo modelo de justicia constitucional, encabezado por la entrada en vigencia de una nueva Constitución (1999), la creación de la SC-TSJ, un marcado carácter axiológico del texto Constitucional con presencia de normas de textura abierta, la inclusión de un gran catálogo de derechos y garantías constitucionales y la inclusión de la cláusula del estado social de derecho y de justicia. Pretendemos analizar comparativamente el sistema de justicia constitucional con otros foráneos para poder responder sí el sistema venezolano se ha nutrido de aquellos, tomado prestadas algunas de sus instituciones o trasladado realidades sin meditación alguna de su implementación en realidades disímiles.

Consideramos además, que el problema es realizable, pues la fuente principal de la investigación está documentada en la propia página web del Tribunal Supremo de Justicia, por lo que con el arqueo de fuentes respectivo y su correspondiente contraste con la doctrina, legislación y jurisprudencia extranjera, permitirá, dentro del plazo establecido, llegar a responder las inquietudes planteadas inicialmente en este investigación. Creemos que contextualizar el problema en la jurisprudencia de la Sala Constitucional venezolana de estos primeros 17 años de su creación abonaría para la respuesta del problema, pues evitaría la dispersión y posibilitaría un mayor impacto en las futuras reformas que se planteen en la justicia constitucional que quieren y merecen los venezolano, como sería la creación de un Tribunal Constitucional o la desaparición del esquema actual.

El problema inicial estaría en precisar sí la Sala Constitucional utiliza la jurisprudencia extranjera como argumentos de autoridad en sus decisiones o son argumentos falaces. Dependiendo de la respuesta positiva o negativa de esa interrogante, pudieran existir dos variables más que dependen del uso de esa jurisprudencia extranjera y de la recepción de las sentencias extranjeras, para analizar si ese diálogo es sincero o no.

Precisado lo anterior, entendemos que el problema principal es el siguiente: ¿Cómo es el diálogo jurisprudencial entre las altas cortes de justicia internacionales y la SC-TSJ?

De esa pregunta principal surgen otras sub-preguntas, a saber: ¿Qué efecto tiene el nuevo-constitucionalismo, el constitucionalismo y la constitucionalización del ordenamiento jurídico en el contexto del diálogo transjudicial? ¿Cuál es el uso de la jurisprudencia extranjera que le ha dado la SC-TSJ? ¿Existe en Venezuela el control de convencionalidad? ¿Qué tipos de argumentos son los utilizados por la SC-TSJ respecto del diálogo jurisprudencial?

En la presente investigación se utilizará el método deductivo que impone la necesidad de sacar consecuencias de una proposición, siendo ésta la influencia de la jurisprudencia extranjera en el sistema de justicia constitucional venezolano por influencia del diálogo judicial entre altas cortes de justicia.

La presente investigación es histórico-documental, lo que conduce a trazar límites propios de este tipo de trabajos.

En primer lugar, se realizará un análisis comparativo de la principal doctrina comparada, constitucional y procesal constitucional, para poder precisar el tratamiento del diálogo jurisprudencial, en específico, se referirá a la circulación de las ideas que son universalmente comunes sobre la protección de los derechos humanos y la defensa de la Constitución, procurando la búsqueda de un *ius comune* internacional sobre los grandes temas del derecho y la prevención de que se dicten decisiones contrarias a los consensos logrados a ese nivel.

Para lograr esto, se indagará en las teorías de grandes tratadistas como Slaugther, García Roca, Ayala Corao, Nogueira Alcalá, De Vergottini, entre otros, para determinar la influencia que ha tenido la circulación jurisprudencial en sus particulares sistemas.

Comenzará por referirse a grandes ejemplos que muestran de una forma gráfica la influencia que ha tenido la jurisprudencia extranjera en los sistemas nacionales, entre ellos, la solución que le dio el Tribunal Constitucional de Sudáfrica al apartheid (artículo 39 de su Constitución), o los préstamos constitucionales que se hicieron en la Europa del Este para la reconstrucción de los Balcanes luego de la caída del muro de Berlín (1989), el tratamiento del control de convencionalidad en Latinoamérica, como mecanismo de unificar la interpretación que hace la Corte IDH de la convención que la sustenta o la influencia que ha tenido en sistemas distintos al romano germano, como el anglosajón, con la entrada en vigencia de los pactos europeos de derechos humanos, en específico el Human Right Act de 1998, que dictó la Reina de Inglaterra para que los jueces nacionales decidieran conforme a los convenios europeos y su respuesta política producida con el Brexit en 2016.

Se analizará alguna jurisprudencia sobre casos relevantes de la Corte IDH, los Tribunales Europeos de Derechos Humanos, las altas cortes de justicia que evidencian el diálogo jurisprudencial con las cada vez más frecuentes citas entre éstas, que impulsan un diálogo entre cortes.

En segundo lugar, se realizará la influencia que pueda tener el constitucionalismo, el neoconstitucionalismo y el nuevo constitucionalismo latinoamericano en el sistema de control constitucional venezolano, partiendo de la base de que hay una expansión del derecho constitucional a todas las ramas del derecho y en particular el diálogo entre la jurisprudencia interna con la internacional, lo que supone analizar la utilización de estas tesis en las sentencias de la SC-TSJ y la doctrina patria. Para lograr esto, se utilizará como fuente de análisis la página web del Tribunal Supremo de Justicia, las sentencias que hayan sido publicadas en la Gaceta Judicial u Oficial, así como los libros, revistas artículos especializados en la materia.

En tercer lugar, se analizará la jurisprudencia de la SC-TSJ, desde su creación, para precisar la utilización de la jurisprudencia de los tribunales extranjeros como argumento de autoridad y la recepción de sentencias dictadas en los sistemas internacionales de derechos humanos, como mecanismos de circulación de ideas en el plano judicial. Para ello, se utilizará el portal web del Tribunal Supremo de Justicia venezolano y alguna doctrina patria y extranjera que ha escrito sobre el valor de la jurisprudencia extranjera y la argumentación de las sentencias de los tribunales constitucionales.

CAPÍTULO I: EL DERECHO CONSTITUCIONAL CONTEMPORÁNEO Y SU INCIDENCIA EN EL DIÁLOGO JURISPRUDENCIAL

I. APROXIMACIÓN A LA NOCIÓN DE CONSTITUCIÓN

Hemos querido comenzar por delimitar el concepto de Constitución, que utilizaremos en el presente trabajo, con la finalidad de sentar las bases para comprender su incidencia en el proceso del diálogo jurisdiccional. Para ello, nos hemos atrevido a proponer la siguiente definición:

El conjunto de hechos sociales, históricos y tradiciones culturales que juridificados por voluntad de una comunidad determinada, organizan y limitan el ejercicio del poder público, estableciendo las garantías suficientes para lograr el desarrollo plural de la sociedad, la dignidad del ser humano, el respeto de los derechos humanos y su permanencia.

Pretendemos resaltar en esta definición jurídica los elementos que son comunes y permiten diferenciarla de otros términos.

Debemos advertir que para lograr esta proposición hemos repasado un conjunto de definiciones que sobre la Constitución ha realizado la doctrina a lo largo de varios siglos, como han sido Lasalle, Ross, Guastini, Carbonell, Jellinek, Hesse, Kelsen, Grimm, García de Enterría, Wróblewski, Lares Martínez, Ackerman, Gil Fortoul, entre otros. Sin embargo, no hemos querido hacer un aporte meramente descriptivo de esas proposiciones, pues sería redundante y no propositivo.

Hemos tomado en cuenta que es un término para nada pacífico, por el contrario la doctrina ha entendido que existen varios tipos de Constitución, a saber, relativas, absolutas, históricas, política, jurídica, sociológicas, materiales, formales, racional normativa, positivas, ideales, como pacto, antigua, medioeval, moderna, escrita, de contenido, viva y finalista[1].

Guastini distingue cuatro significados principales de Constitución, a saber: a) "todo ordenamiento político de tipo liberal"; b) el conjunto de normas jurídicas que "caracterizan e identifican todo el ordenamiento"; c) "un documento normativo que tiene ese nombre (o un nombre equivalente)"; y d) "un particular texto normativo dotado de ciertas características formales, o sea, de un peculiar régimen jurídico"[2].

Incluso la propia noción de Constitución se utiliza indistintamente para para "designar la situación de un país, la forma en que éste se ha configurado" mediante la utilización de un lenguaje jurídico-político u obviando los elementos no normativos para dar paso al derecho público, pudiendo:

> ...identificarse con el conjunto de normas que regula el modo fundamental la organización y el ejercicio del poder estatal, así como las relaciones entre Estado y la sociedad. Es el derecho producto del soberano, que vincula a los órganos del Estado y, en tanto que tal, jerárquicamente preminente, la mayoría de los actos recogido en un documento y modificable con dificultad[3].

También hay que decir que la noción moderna de Constitución ha sido atribuida a la influencia de la declaración de Derechos del Hombre y del Ciudadano de 1789, mientras que para otros tuvo su génesis en el derecho romano, con la "*constitutio republicae*", pasando por la edad media, acuñada bajo el

---

1 Al respecto debemos mencionar el trabajo del profesor Monroy Cabra, Marco Gerardo; *Concepto de Constitución*, extraído de la Biblioteca virtual de la UNAM y del portal https://revistas-colaboracion.juridicas.unam.mx/index.php /anuario-derecho-constitucional/article/view/30245/27301 Allí se analizan la evolución de la noción de Constitución, los principales tipos y sus conceptos.

2 Guastini, Ricardo; "Sobre el concepto de Constitución"; en *Teoría del Neoconstitucionalismo*; Editorial Trotta e Instituto de Investigaciones Jurídicas UNAM; 2007; pp. 15-16.

3 Grimm, Dieter; *Constitucionalismo y derechos fundamentales*; Editorial Trotta; 2006; pp. 27-28.

término "*constitutionis principis*" e incluso en el derecho canónico, con la "*constitutioni pontífice e sinodali*".[4]

Ingrato seria omitir el gran aporte del derecho inglés con su Constitución Consuetudinaria, pues precisamente se están conmemorando los primeros 800 años de la promulgación de la Carta Magna (1215), la que conjuntamente con la Petición de Derechos (1628), el Acta de *Habeas Corpus* (1679) y el Acta de Establecimiento (1701) forman parte de los denominados pactos; los cuales conjuntamente con los tratados, a saber, el acta de unión con Escocia (1707) y el acta de unión con Irlanda (1800), y el *Common Law*, la integran.

De lo anterior surge una importante consecuencia que explica la definición propuesta, ya que una Constitución no lo es únicamente porque sea escrita, tal como excepcionalmente identifica nuestro gran historiador Gil Fortoul, para quien al analizar:

> ...los Estados modernos, vemos que sus Constituciones o están traducidas en una ley fundamental escrita en un momento dado (lo cual no significa que la Constitución no existiese antes, sino que ha cambiado de forma, a los menos aparentemente), o resultan del conjunto de leyes escritas en distintas épocas, de costumbres y tradiciones no escritas[5].

---

[4] Para ampliar sobre la evolución del concepto de Constitución hemos tomado en cuenta el artículo del profesor Hernán Olano, *¿Qué es la Constitución?. Referencia a propósito del bioterismo constitucional*, extraído de http://dikaion. unisabana.edu.co/index.php/dikaion/article/view/1351. Incluso este autor cita una definición que hace la Corte Constitucional colombiana, partiendo de Aristóteles, en la sentencia C-536, 1998, para quien es "un conjunto organizado de disposiciones que configura y ordena los poderes del Estado por ella construidos, y que por otra parte, establece los límites del ejercicio del poder y el ámbito de libertades y derechos fundamentales, así como los objetivos positivos y las prestaciones que el poder debe cumplir en beneficio de la comunidad".

[5] Gil Fortoul, José; *Filosofía Constitucional*; Editorial Cecilio Acosta; Caracas, 1940; p. 63.

Para comprender qué es una Constitución debe hacerse "desde una perspectiva histórica", sin prescindir de la "configuración teórica"[6], ya que toda Constitución es "Constitución en el tiempo; la realidad social, a la que van referidas sus normas, está sometida al cambio histórico y éste, en ningún caso, deja incólume el contenido de la Constitución"[7]. A la anterior doctrina se le suma la del profesor Ross, para quien la Constitución es un precipitado normativo que precede de una "voluntad social que la quiere"[8].

El elemento histórico es trascendental y está íntimamente ligado al factor tiempo, toda vez, que si bien es cierto que la Constitución está expresada en un momento determinado, tiene vocación de permanencia y debe adaptarse, dentro de los límites que ésta prevé, a la evolución propia de cada sociedad[9].

Cuando proponemos que la Constitución es más que organización y límites al poder público, nos distanciamos de las tipologías liberales[10] propias del siglo XVIII, ya que olvida a la historia y al ser humano como destinatario y fin último de esos valores y principios.[11]

---

[6] Conrado, Hesse, *Constitución y Derecho Constitucional; en Manual de Derecho Constitucional*, 2da Edición; Marcial Pons; Madrid, España; 2001; p 1.

[7] Conrado, Hesse, *op cit*; p 9.

[8] Ross, Alf; *Teoría de las fuentes del derecho*; Centro de Estudios Políticos y Constitucionales; Madrid; 1999; p 434.

[9] Vanossi, Jorge Reinaldo; "En torno al concepto de Constitución: sus elementos"; en *Libro Homenaje a Manuel García Pelayo*, Tomo I, UCV, Caracas, 1980; p 53. Para este autor "La Constitución es el enunciado institucional de las grandes reglas del juego político y social que una comunidad adopta, para un cierto tiempo de su devenir histórico, a través de un determinado reparto de competencias y con proyección u orientación hacía ciertos fines en los que la sociedad vivencia o visualiza su provenir".

[10] Art. 16 declaración de los Derechos del Hombre y del Ciudadano: "Toda sociedad en la cual la garantía de los derechos no esté asegurada, ni la separación de los poderes determinada no tiene Constitución".

[11] Lares Martínez, Eloy; "El concepto de la Constitución en la edad contemporánea"; en *200 años del Colegio de Abogados*; Tomo I; Ávila Arte;

Para Casal, en el modelo de "Constitución mínima o básica", de corte liberal que propone límites y organización del poder público, sería muy difícil que se produjera la constitucionalización, mientras que en el modelo de Constitución como "norma-programa", esto es aquella que orienta el proceso político, la constitucionalización resulta favorecida[12]. Esto nos sitúa además en una clara diferencia entre Constitución y constitucionalismo, que no puede verse nada más que como continente o contenido.

Incluso en la proposición del nuevo constitucionalismo latinoamericano los profesores Viciano y Martínez afirman que:

> ...se supera el concepto de Constitución como limitadora del poder (constituido) y se avanza en la definición de la Constitución como fórmula democrática desde el poder constituyente -la soberanía popular- expresa su voluntad sobre la configuración y limitación del Estado y también de la propia sociedad[13].

Resaltamos el factor espacio, ya que para diferenciar una Constitución de otra, lo primero que debe tenerse en cuenta es

---

Caracas, 1989; p. 523. Este autor sostiene que "La Constitución es la ley suprema de un Estado; contiene las reglas concernientes a la organización de las distintas ramas del Poder Público y la garantía de los derechos reconocidos a las personas". García de Enterría, Eduardo; *La Constitución como norma y el Tribunal Constitucional*; 1ra edición; Civitas; Madrid, España; 1981; p. 49, nos presenta los contenidos de la Constitución, para poder comprender su valor normativo, al sostener que: "La Constitución, por una parte, configura y ordena los poderes del Estado por ella construidos; por otra, establece los límites del ejercicio del poder y el ámbito de libertades y derechos fundamentales, así como los objetivos positivos y las prestaciones que el poder debe cumplir en beneficio de la comunidad".

12 Casal, Jesús María; *La justicia constitucional y las transformaciones del constitucionalismo*; UCAB-KAS; Caracas; Venezuela; 2015; p. 26.

13 Viciano Pastor, Roberto y Martínez Dalmau, Rubén; "Aspectos generales del nuevo constitucionalismo latinoamericano"; en: *El nuevo constitucionalismo en América Latina*; Corte Constitucional; Quito, Ecuador; 2010; p. 16.

que cada una se identifica con un sector determinado, quienes por voluntad propia se la han dado[14].

Pero además, consideramos ineludible que una Constitución moderna centre su ámbito de protección a la dignidad del ser humano, estableciendo un conjunto de derechos fundamentales y su garantía efectiva, claro está, ello tiene por finalidad el desarrollo de una sociedad pluralista con respeto a las minorías.

Finalmente, quiero mencionar un hecho que me llama poderosamente la atención y es que en Venezuela es común escuchar a la doctrina afirmar que existen dos Constituciones, haciendo referencia a la Constitución de la República Bolivariana de Venezuela y al Segundo Plan Socialista de Desarrollo Económico y Social de la Nación 2013-2019, denominado el "Plan de la Patria"[15]. Al respecto, debo rechazar categóricamente que existan dos constituciones, ni siquiera pueda hablase de una paraconstitución, pues, en realidad lo que acontece es que por vía de una mayoría determinada en el Gobierno se ha pretendido modificar la vigente Constitución por vía de fraude a la misma, subvirtiendo las reglas para su reforma o enmienda y pretendiendo erigirse como poder constituyente sin consultar al pueblo.

El ejemplo del "Plan de la Patria" es elocuente para demostrar lo que no es Constitución, ya que excluye a todos quienes no comulgan con el socialismo, es decir, no respeta a las minorías (en el presente caso mayorías) que no están de acuerdo con esa forma de Estado, es decir, no respeta el pluralismo ni el libre desarrollo de la personalidad del hombre.

Para el momento de escribir este trabajo fue convocada inconstitucionalmente una Asamblea Nacional Constituyente por el Presidente de la República, mediante Decreto sin bases comiciales no consultadas con el pueblo e instalada con una

---

[14] Un ejemplo claro del factor espacio es la Constitución de Filadelfia de 1878, que se autocalifica como "*the supreme law of the land*", es decir, la ley suprema de la tierra.

[15] Publicado en la Gaceta Oficial Extraordinario N° 6.118, del 4/12/2013.

composición total de afectos al Gobierno[16]. Esa amenaza a la Constitución supone un hito en la historia Venezolana, poniendo a prueba las tesis que hemos venido sosteniendo de que la Constitución es algo más que el texto, donde prive más la dignidad del ser humano, nuestra historia, idiosincrasia, cultura y tradición sobre los actos de fuerza que pretenden imponer un modelo importado y ajeno a la sociedad venezolana.

Esta amenaza al estado de derecho ha sido descrita correctamente por Francisco Delgado, quien lo ha denominado el "método constituyente", usado principalmente para imponer a los poderes públicos constituidos las decisiones de una Asamblea Nacional Constituyente, que en su inconstitucional configuración están excluidas de control judicial o político alguno, extralimitándose en su función primordial de elaborar un nuevo proyecto de Constitución[17].

La definición de Constitución propuesta por nosotros está relacionada con el tema del diálogo jurisdiccional, al incluir nociones de pluralidad, dignidad del ser humano y respeto de los derechos humanos, que imponen la necesidad de que el sistema de derecho interno busque armonizarse y complementarse con los sistemas regionales y universales para lograr esos fines. El Estado no puede excusarse en conceptos de soberanía para no acoger las interpretaciones o decisiones de los órganos especializados en los sistema de protección internacional de derechos humanos o altas cortes internacionales, pero ello trae un correlativo para los tribunales foráneos de buscar comunicarse con los tribunales nacionales y dar prevalencia a lograr buscar ese lenguaje común en defensa de los derechos mediante la circulación de ideas y no por la imposición de deci-

---

16 Decreto N° 2830 publicado en la Gaceta Oficial Extraordinario N° 6.295 del 1 de mayo de 2017.

17 Delgado, Francisco; *Chavismo y derecho*; Editorial Galipán; Caracas; 2017, p. 149. Con claridad afirma: "Mientras tal asamblea exista, la Constitución no es la norma suprema del orden jurídico. Lo supremo es la voluntad de la asamblea constituyente, voluntad de la que derivan normas que pudieran ser incompatibles con la Constitución y en ese caso prevalecerán dichas normas y no la Constitución".

siones que los condenen sin entender la cultura, historia e idiosincrasia propia de cada sociedad.

II. EVOLUCIÓN DEL CONSTITUCIONALISMO Y SU IMPACTO EN LA COMUNICACIÓN DE IDEAS

Podemos afirmar categóricamente que el constitucionalismo debe ser visto actualmente desde un prisma distinto, al que históricamente se venía encargando de su estudio. La sociedad ha cambiado, hay nuevas estructuras y centros de poder, los conceptos tradicionales de soberanía y separación de poder han sido matizados, existen nuevos actores en la esfera internacional, nuevos sistemas regionales de protección de derechos humanos, incorporando nociones como la universalización de los mismos y suscripción de acuerdos de integración o intercambio comercial en bloque o particular. Es notable la influencia de la globalización en el intercambio económico; la búsqueda de un ciudadano cosmopolita ha orientado a los grandes pensadores a buscar esas zonas comunes y replantear las diferencias históricas, culturales o religiosas, lo que ha encontrado resistencia por los nacionalismos exacerbados.

El derecho constitucional contemporáneo no puede limitarse al estudio sistemático o comparativo de la Constitución, ésta forma sólo una parte de un complejo mayor. Esta afirmación encuentra sustento en el profesor Norteamericano Tushnet, para quien "el constitucionalismo es un ideal normativo que debe ser diferenciado de la categoría más bien descriptiva de la constitución, y en particular, de aquellas ideas asociadas con el hecho de que muchas constituciones son escritas"[18]. Para este autor, las tres instituciones que sostienen al constitucionalismo son, i) el "compromiso puramente normativo por parte de los funcionarios del gobierno de respetar aquellos límites", mediante "acuerdos constitucionales", ii) "la organización del sistema político, típicamente a través de alguna com-

18 Tushnet, Mark; *Constitucionalismo y judicial review*; Palestra; Lima; 2013; p. 66.

binación de elecciones democráticas y la separación de poderes" y, iii) "el Judicial review (control constitucional) de las acciones del gobierno para determinar si se corresponde con las limitaciones que el constitucionalismo extiende sobre el poder gubernamental"[19].

Esa sería una visión propia de un sistema liberal, donde el constitucionalismo se reconocería como límites y organización del poder político y el establecimiento de los controles constitucionales por órganos especializados. Nosotros pensamos que es mucho más que eso, es respeto del pluralismo político, de la dignidad del ser humano como centro de protección del sistema, un respeto escrupuloso a la realización de los derechos establecidos en la Constitución, reconocimiento de la cultura e historia como elementos configuradores del genotipo de la sociedad que aspiran integrarse.

Un grupo de profesores de distintas universidades publicaron hace pocos años trabajos sobre el impacto del constitucionalismo en los grupos económicos, individuos, ONGs, organizaciones internacionales, regionales, multilaterales, explicando que:

> ...en general ha ido en aumento en los últimos años. En un desarrollo a menudo asociado con la caída del comunismo, muchos estados han encontrado mecanismos para mantener la política bajo control. Esto se caracteriza por la creación de catálogos de derechos, considerados por algunos como protección de las prerrogativas de las elites políticas nacionales, considerados por otros para proteger a individuos y grupos contra la toma de decisiones mayoritariamente adoptadas[20].

Esta aproximación es de suma importancia, ya que denota lo incorrecto de pensar en un "constitucionalismo interna-

---

[19] Tushnet, Mark; *op cit*; pp. 60-62.

[20] Kabbers, Jan; Petters, Anne; *The constitutionalization of international law*; Oxford; 2009; p. 19.

cional", por el "exceso y la vaguedad" de pretender mezclar leyes internacionales, política y economía[21].

Refrescándonos las ideas de soberanía y de pluralismo constitucional, Zagrebelsky, afirma que:

> ...ya no puede pensarse en la Constitución como centro del que todo derivaba por la irradiación a través de la soberanía del Estado en que se apoyaba, sino como centro sobre el que todo debe converger; es decir, más bien como centro a alcanzar que centro del que partir[22].

Por su parte De Vergottini resalta que "El debilitamiento del principio de soberanía ha provocado una acentuación del pluralismo de los ordenamientos a diversos niveles -global, supranacional, estatal- sin permitir sin embargo la constitución de un orden nuevo con sus jerarquías y reglas claras de operatividad"[23]. Comparte la tesis anterior, la propuesta por Ortiz, para quien:

> ...hay que recordar la tesis de la soberanía absoluta, construida dentro de un Estado absoluto, por la cual se considera que el poder soberano de un Estado no admite límites, siendo una soberanía irrestricta, lo que implicaría la existencia de una impermeabilidad de toda interferencia externa. Esta concepción tradicional de soberanía desarrollada en la época del Estado liberal, que fue un Estado nacional, fue cambiando dentro del Estado democrático constitucional, que tiene como un pilar fundamental la limitación en las actuaciones de cualquier órgano de poder de un Estado; en este tipo de Estado los derechos reconocidos constitucional y convencionalmente (interna e internacionalmente) son un límite a la soberanía y por tanto al ejercicio del poder público, de ahí que resulta imperioso el fortalecimiento de la ju-

---

21 Kabbers, Jan, Petters, Anne; *op cit*; p. 345

22 Zagrebelsky, Gustavo; *El derecho dúctil*; Editorial Trotta; 9na Edición, 2009; p. 14.

23 De Vergottini, Guiseppe; *Más allá del diálogo entre tribunales*; 1ra Edición; Civitas; Madrid; 2010; pp. 74-75.

risdicción internacional, a la que se somete la jurisdicción interna de cada uno de los Estados[24].

A los fines del presente trabajo, ese "clima cultural", es destacado por el profesor De Vergottini, como un "factor determinante del diálogo jurisprudencial, que pone el acento en la comunión de valores", en procura una universalización del derecho constitucional[25].

Además, el constitucionalismo como fenómeno jurídico, entendido como "la teoría y la práctica jurídicas del Estado constitucional, es decir, del Estado efectivamente limitado por el derecho"[26], sólo puede estar enmarcado dentro de este tipo de estructuras, lo cual marca un borde infranqueable con los regímenes totalitarios y los comunistas. Con esto nos estamos demarcando de sistemas antidemocráticos donde el voto no sea expresión de la soberanía popular, donde no exista una verdadera separación de poderes, donde no existan pesos o contrapesos al poder y donde no se respeta la pluralidad o pretenda aplastarse a las minorías disidentes.[27]

La tensión es evidente entre la doctrina, al pujar cada uno por tratar de imponer el derecho constitucional general en el ámbito interno, mediante una expansión que se denomina constitucionalización del ordenamiento jurídico que:

---

[24] Ortiz Torricos, Marcela Rita; "El Diálogo entre la Corte Interamericana de Derechos Humanos, los Tribunales Constitucionales de la región Andina y el Tribunal Europeo de Derechos Humanos hacía un derecho americano y global de los derechos humanos"; p. 272, consultado en http:// www. corteidh.or.cr/tablas/r36475.pdf, pp. 267-268.

[25] De Vergottini, Guiseppe; Más allá...*op cit*; p. 65.

[26] Aragón Reyes, Manuel; "La Constitución como paradigma"; en *Teoría del neoconstitucionalismo*; Editorial Trotta e Instituto de Investigaciones Jurídicas UNAM; 2007; p. 36.

[27] Casal, Jesús María; *La justicia constitucional* (...) *op cit*; p. 14. Para este autor "La evolución hacía el Estado constitucional de derecho se produce cuando la Constitución representa no sólo una exigencia de equilibrio político sino un mandato normativo superior de observancia y garantía de los derechos".

> ...consiste en introducir contenidos constitucionales en el derecho ordinario y en el proceso político en el cual se genera, y se precisa que este no puede ser explicado suficientemente atendiendo a la supremacía constitucional sino que deben considerarse las funciones de la Constitución y en el entendimiento que de ella tienen los actores principales[28].

Frente a las vertientes económicas, sociológicas, filosóficas o incluso jurídicas que pregonan la globalización, mundialización, internacionalización de los derechos humanos, derecho constitucional mundial, derecho constitucional comparado, cosmopolitismo, entre otras que son usadas, a la vez, como sinónimos de una manera simplista o coloquial para caracterizar ese fenómeno[29].

Atienza destaca al constitucionalismo y a la globalización como dos fenómenos opuestos que estarían contribuyendo a cambiar los sistemas jurídicos:

> ...ya que mientras que el primero supone básicamente el sometimiento del poder político al derecho y es de ámbito estatal, el segundo, por el contrario, supone más bien el sometimiento del poder político al económico, y su ámbito, como su nombre lo indica, trasciende de las fronteras de los Estados[30].

Dentro de los rasgos del constitucionalismo Atienza destaca: fuerza vinculante de la Constitución; límites a la soberanía del legislador; garantía jurisdiccional de la Constitución; rigidez constitucional e interpretación conforme a la Constitución de las leyes[31].

---

[28] Casal, Jesús María; *La justicia constitucional (...) op cit*; p. 26.

[29] De Vergottini, Guiseppe; Más allá...*op cit*; p. 72. Afirma este autor que "Globalización, convergencia, uniformización, homogeneización, son todos conceptos que tienden a remitirse, y a veces, a utilizar la comparación de modo que se valoren los principios de fondos comunes y, por tanto, los aspectos similares de los ordenamientos examinados".

[30] Atienza, Manuel; "Constitucionalismo, globalización y derecho"; en *El Canon Neoconstitucional*; Editorial Trotta e Instituto de Investigaciones Jurídicas de la UNAM; 2010; p. 264.

[31] Atienza, Manuel; *Constitucionalismo, op cit*; p. 265.

Pero, la globalización no sólo tiene efectos sobre la economía, sino que:

> ...desafía las culturas jurídicas del mundo para encontrar formas de trabajo en conjunto. Esa concentración sirve a simplemente para ilustrar el valor del diálogo judicial para llegar a las garras con el multiculturalismo legal, no una afirmación de superioridad transatlántica. Un diálogo entre los tribunales supranacionales será esencial en la evolución de una cultura jurídica global.[32]

Producto de la globalización "es común hablar de un diálogo entre las instancias jurisdiccionales y legislativas europeas y estatales; de manera que el derecho no aparecería ya como fruto de la imposición de un superior, sino un acuerdo producido desde abajo"[33]. La afirmación del profesor Aragón es correcta para el sistema homogéneo de integración europea, pero en otras regiones no aplicaría de la misma manera, ya que los valores no son comunes (democracia representativa, participativa, estado de derecho, constitucional, social, plurinacional, etc.), o los sistemas son diametralmente opuestos (*civil law* o *common law*).

Con suma preocupación vemos como se afirma cada vez con mayor contundencia que "los grandes protagonistas del derecho de la globalización no son ya los legisladores, sino los jueces y los expertos que no ocupan cargos públicos"[34]. Esto nos sitúa en la imperiosa obligación de analizar el diálogo jurisprudencial, para no dejar en manos de un hipotético gobierno de los jueces la solución de los grandes temas de índole mundial[35].

---

32 Koch, Charles H. Jr; *Judicial dialogue for legal multiculturalism*; consultado en: http://scholarship.law.wm.edu/cgi/ viewcontent.cgi?article=1225&context=facpubs.

33 Atienza, Manuel; *Constitucionalismo, op cit*; p. 272.

34 Atienza, Manuel; *Constitucionalismo* (...), *op cit*; p. 271.

35 Zagrebelzky, Gustavo; *El juez constitucional en el Siglo* XXI; en: http://biblio.juridicas.unam.mx/libros/6/2725/7.pdf. En el plano constitucional sostiene que la globalización es la "condición por el que

Consideramos de vital importancia la vinculación que hace la doctrina entre globalización y diálogo judicial, promoviendo una "comunidad internacional de jueces" entendida como "un conjunto de actores sociales independientes que comparten principios, valores y necesidades comunes a la práctica judicial, más allá del contexto judicial"[36] o incluso un "global community of courts", que estaría "compuesta por jueces que se reúnen en congresos internacionales para intercambiar ideas y citarse recíprocamente, por lo que no existe una escisión entre la utilización indistinta por parte de las cortes nacionales e internacionales del derecho interno o el internacional"[37].

No podemos dejar a un lado, el desarrollo del derecho constitucional comparado, principalmente utilizado en los países que conformaban el bloque socialista de Europa del Este, que se "centra en parte significativa en el estudio de cómo y por qué los jueces utilizan precedentes extranjeros", para resolver asuntos constitucionales de orden interno, con un reforzamiento en la motivación de sus decisiones que impacte incluso sobre las "prerrogativas legislativas ejecutivas"[38].

Tampoco podemos dejar de resaltar la defensa que hace el profesor Pegoraro del derecho comparado en el mundo globalizado, quien luego de reconocer que "la economía es rápida; el derecho, lento; la cultura lentísima", lo que, para algunos supondría la "muerte del derecho comparado", con-

---

acontecimientos lejanos y cadenas casuales del más variado género, producen consecuencias para la protección local de los bienes constitucionales y viceversa". Reconoce la influencia de la globalización en el rol preponderante del juez constitucional para resolver los grandes temas que son comunes en el mundo.

36 Del Toro Huerta, Mauricio; *Jurisdicciones constitucionales y tribunales internacionales*; en I Congreso Internacional sobre Justicia Constitucional; UNAM, México; 2009; p. 532.

37 De Vergottini, Guiseppe; Más allá...*op cit*; p. 71.

38 Halabi, Sam; *Constitutional Borrowing as Jurisprudential and Political Doctrine in Shri DK Basu v. State of West Bengal*; consultado en: http://digitalcommons.law.utulsa.edu/cgi/vie wcontent.cgi?article=1255&context=fac_pub.

cluye en la necesaria aplicación de métodos para profundizar en el estudio de cada sistema legal "antes de proponer recepciones, introducciones o exportaciones de instituciones o temas"[39].

Pisarello distingue el concepto de mundialización, "para designar los progresivos y complejos procesos de internacionalización de las fuerzas sociales y productivas que operan, no sin contradicciones y con distinta intensidad desde los albores del capitalismo", con el de globalización que califica "como simple ideología destinada a justificar la extensión del capital a distintos ámbitos geográficos bajo las reglas y en interés de un puñado de poderes privados y, por lo tanto, sin regulaciones públicas democráticas"[40].

Turegano le atribuye a la teoría contractualista de John Rawls, la reanimación contemporánea de la "discusión normativa de los problemas globales", que "invitan a la comunicación y la conversación trasnacionales que generen progresivamente el contexto institucional idóneo para la coordinación y la solución de problemas comunes"[41]. En tal sentido, nos indica que lo local y lo global "se refuerzan y complementan mutuamente en grados diversos" y que por ellos "los términos internacional, supranacional, trasnacional o global resultan muchas veces intercambiables para referirse a la situación actual"[42].

Al desarrollar la idea de "tolerancia constitucional", como fórmula de solución de los problemas que se sitúan en el contexto supranacional, propone que "es en la conversación de muchos actores en una comunidad interpretativa constitucional, y no en una estructura jerárquica con un Tribunal en su

---

39 Pegoraro, Lucio; *Derecho Constitucional Comparado*; Tomo 1, Editorial Astrea; México, 2016; p. 377-381.

40 Pisarello, Gerardo; "Globalización, constitucionalismo y derechos"; en *Teoría del neoconstitucionalismo*; Editorial Trotta e Instituto de Investigaciones Jurídicas UNAM; 2007; p. 163.

41 Turegano Mansilla, Isabel; *Justicia global: los límites del constitucionalismo*; Palestra; Lima; 2010; pp. 15 a 25.

42 Turegano Mansilla, Isabel; *op cit*; p. 25.

cúspide, en la que debe darse el discurso constitucional", reduciendo de esa manera "la organización global a un proceso político de diálogo".

Aterrizando las nociones anteriores en el objeto propio de nuestro análisis, resulta notable que:

> ...La idea de un diálogo en el que nadie tiene la última palabra es inadecuada en una realidad en la que no todas las voces tienen el mismo peso, puesto que dejaría la resolución de los conflictos últimos a las asimetrías del poder y la diferente capacidad de negociación de las partes. Y sin una autoridad última no resulta claro a quién corresponde la responsabilidad de la decisión. Si se considera que el diálogo no es un medio para alcanzar el consenso, sino un modo de canalizar los desacuerdos resulta decisivo determinar el sujeto competente y el procedimiento adecuado para adoptar decisiones últimas vinculantes[43].

Nos llama la atención con el denominado "derecho constitucional mundial", que para algunos existe por la Carta de las Naciones Unidas de 1945, la Declaración Universal de los Derechos del Hombre de 1948 y los Pactos de Derechos de 1966 y que consiste en i) "la vigencia de una estructura normativa común", incluso para el poder político, social o económico; ii) "la reforma democrática de los organismos internacionales", haciendo referencia a dar paso para que "los pueblos y los individuos" sean los que tomen las decisiones y, iii) la instauración de la garantías jurídicas necesarias para hacer efectivos los derechos[44].

Ello supone además, el:

> ...debilitamiento de la eficacia normativa de las constituciones nacionales, que coexisten con el soft law internacional y otras declaraciones de derechos infra y supraestatales, así como con los acuerdos y pactos de una legislación mercantil global privatizada y descentralizada, la autorregulación de actividades profesionales o deportivas, o las decisiones de

---

[43] Turegano Mansilla, Isabel; *op cit*; pp. 171-172.

[44] Turegano Mansilla, Isabel; *op cit*; pp. 119 a 121.

agentes internacionales muy diversos, la mayoría de carácter económico o financiero[45].

En una reciente obra colectiva realizada por un grupo de profesores latinoamericanos, como merecido homenaje al profesor Mark Tushnet, entendió que el constitucionalismo autoritario "sirve para entender y denunciar una nueva forma de ejercer el poder de manera autoritaria", entendiéndola como:

> ...una forma muy sofisticada de ejercer el poder por elites gobernantes que tienen una mentalidad autoritaria en Estados cuyo desarrollo democrático es precario. Esta forma de ejercer el poder se basa en una Constitución de corte liberal democrática que en lugar de limitar el poder del Estado y empoderar a las personas sin poder es usada práctica e ideológicamente con fines autoritarios.[46]

Refiere el autor que se presenta elementos que permiten ubicar al constitucionalismo autoritario, a saber: i) La Constitución es utilizada para "controlar a sus oponentes o fortalecer la apariencia de legitimidad del sistema", ii) no sirven para limitar al poder, iii) la aplicación de la Constitución "varía según los intereses de la elite gobernante", iv) la inclusión de legislación electoral incomoda, v) sirve además para "presentar los intereses del grupo como si fueran los intereses de todos"[47].

La justificación del "constitucionalismo autoritario" es trasladable perfectamente a nuestra realidad en Venezuela, cuando se utiliza para "elecciones periódicas y procedimientos representativos sin mayor deliberación, o la decisión de tribunales independientes e imparciales que en la realidad son controlados por el poder"[48]. Así, la Constitución de 1999, fue pro-

---

[45] Turegano Mansilla, Isabel; *op cit*; p. 123.

[46] Niembro Ortega, Roberto; "Desenmascarando el constitucionalismo autoritario"; en: *Constitucionalismo progresista: Retos y perspectivas*; UNAM; Querétaro; México, 2016; pp. 223-224. Cita como ejemplos las Constituciones de Austria de 1933, Turquía de 1982 al presente, Chile de 1830 y Singapur.

[47] *Ibídem*; p. 248.

[48] Niembro Ortega, Roberto; *op cit*; p. 257.

ducto de una Asamblea Nacional Constituyente convocada por el pueblo y votada su aprobación por referéndum, con un gran catálogo de derechos fundamentales propios del Estados Social de Derecho adoptado, incluyendo valores como el de la democracia participativa y protagónica, destacando los individuales, sociales, colectivos, culturales, políticos, económicos, ambientales, respeto a las minorías y a las etnias indígenas, incluyendo los métodos de reforma y resguardo de la propia Constitución, creando a una Sala Constitucional como órgano concentrado y de cierre especializado en materia de justicia constitucional. Ahora bien, esas aspiraciones contenidas en la Constitución son meros anuncios o esperanzas que se han diluido en el tiempo, pues la materialización de los derechos no ha sido la regla, donde hay excluidos, principalmente los opositores que son apresados, perseguidos e inhabilitados, donde hay controles de precios y de cambio que afectan la libre disponibilidad e impactan en la economía, hay escases de medicinas que superan más del 80% de los principales reactivos, la inseguridad personal nos ubica en los primeros lugares de violencia, en fin, son un mero discurso retorico usado con fines ideológicos. En ese orden de ideas, el Gobierno ha convocado regularmente a elecciones tanto nacionales, como regionales, pasando por varios intentos de modificar el texto constitucional e imponer leyes por supuesta mayoría parlamentaria o peor aún, interpretando la Constitución vía reingeniería constitucional a través de la ideologización de la justicia. Todo ello, impacta el tema del diálogo jurisdiccional, pues agrega el elemento ideológico a la interpretación de las normas, para favorecer a unas elites que pretenden únicamente hacerse y permanecer en el poder.

En definitiva, el constitucionalismo moderno ha sido impactado directamente por fenómenos como la globalización, protección universal de los derechos humanos, inmigración y seguridad nacional, uso masivo del internet, integración y la búsqueda de un ciudadano cosmopolita, de una manera tal, que el derecho no puede ser visto desde una perspectiva cerrada en el ámbito nacional, apegado a nacionalismos exacerbados que promuevan el aislamiento o excusas como la soberanía para desconocer esa interacción mundial. De allí, que el diálogo jurisdiccional juegue un papel preponderante para lograr la búsqueda de un lenguaje común en los grandes temas que son comunes en el mundo, que permitan solucionar un caso particular de un país una manera similar que en otro distinto y prevenir que se repitan con los trasplantes o importaciones de ideas o instituciones de distintos países.

III. PRECISIONES SOBRE EL NEOCONSTITUCIONALISMO

La primera persona que utilizó la expresión neoconstitucionalismo, de forma escrita, fue la profesora Pozzolo, en un artículo publicado en la *Revista Doxa* en 1998, pretendiendo con ello explicar su tesis de la especificidad de la interpretación constitucional y la influencia que sobre ésta tuvieron los iusfilósofos Dworkin, Atienza, Zagrebelsky y en parte Nino. En tal sentido, Pozzolo justifica su propuesta en el marcado carácter axiológico de la Constitución, producto del lenguaje vago y las presencia de normas abiertas, así como la confrontación entre: i) normas versus principios; ii) ponderación versus subsunción; iii) Constitución versus independencia del legislador; y, iv) jueces versus libertad del legislador[49].

Simultáneamente a la propuesta de la profesora Pozzolo, su maestro Paolo Comanducci, presentó un trabajo muy difundido, en el que comenzó por aclarar que el "constitucionalismo" y el "neoconstitucionalismo", presentan dos acepciones, a saber: como una teoría, ideología o método y como "un cambio de algunos elementos estructurales de un sistema jurídico y político", es decir, "designan un modelo constitucional, o sea el conjunto de mecanismos normativos e institucionales, realizados en un sistema jurídico-político históricamente determina-

49 Pozzolo, Susana; "Neoconstitucionalismo y Especificidad de la Interpretación Constitucional"; *Doxa* 21-II; 1998; pp. 340-342. La profesora Pozzolo forma parte de la denominada Escuela de Genova y es discípula de Paolo Comanducci.

do, que limitan los poderes del Estado y/o protegen los derechos fundamentales"[50].

Comanducci propone que las diferencias entre constitucionalismo y neoconstitucionalismo, están en que el primero, no puede ser considerado como una teoría del derecho y es una ideología dirigida a la limitación del poder y a la defensa de libertades naturales, o de derechos fundamentales; mientras que el segundo, puede ser entendida como una ideología, como metodología o como teoría, a saber: a) Como teoría: "Aspira a describir los logros de la constitucionalización, es decir, de ese proceso que ha comportado una modificación de los grandes sistemas jurídicos contemporáneos respecto a los existentes antes del despliegue integral del proceso mismo". b) Como ideología: Donde ocupa un segundo plano el control del poder estadal y pone en primer plano "el objetivo de garantizar los derechos fundamentales". Ubica al neoconstitucionalismo como una variante del positivismo ideológico, que "se muestra proclive a entender que puede subsistir hoy una obligación moral de obedecer a la Constitución y a las leyes que son conformes a la Constitución". c) Como metodología: "Los principios constitucionales y los derechos fundamentales constituirían un puente entre derecho y moral"[51].

El tercer autor de la escuela genovesa, profesor Mauro Barberis, explica que la *Third Theory of Law*, comprende al término neoconstitucionalismo, como se utiliza en Italia y Latinoamérica, al igual que el constitucionalismo en España y se le ha denominado *no positivism, theory of law as integrity, o as interpretation, inclusive positivism, postpositivism, etc.*, en el mundo anglosajón[52]. Refiere Barberis que el neoconstitucionalismo surgió a finales de los 90 (del Siglo XX), para "destacar

---

50 Comanducci, Paolo; "Formas de (Neo) Constitucionalismo: Un análisis metateórico"; *Isonomía* N° 16; 2002; p. 89.

51 Comanducci, Paolo; *op cit*; pp. 97-101.

52 Barberis, Mauricio; "El Neoconstitucionalismo, Third Theory of Law"; en *Neoconstitucionalismo, Derecho y Derechos*; Palestra; Lima; 2011; p. 249.

rasgos comunes a la mayoría de los teorías críticas actuales del positivismo", atendiendo a "una actitud positivista metodológica y una atención privilegiada hacia los procesos de constitucionalización"[53]. Define al neoconstitucionalismo "como la filosofía (normativa), o como la teoría (cognoscitiva) que privilegia tres temas", a saber: conexión entre derecho y moral, reglas y principios, balancing o ponderación[54].

No obstante, a la hora de definirlo, hay que tener en cuenta las dificultades que lo rodean, propias de los desacuerdos entre las distintas escuelas y los sistemas particulares en los que se presentan, exaltadas por Guastini, cuando sabiamente señala que "el neoconstitucionalismo consiste en un amontonado (de confines indeterminados) de posturas axiológicas y de tesis normativas, entre las cuales no es fácil identificar alguna tesis propiamente teórica reconocible y susceptible de discusión"[55].

Para Atienza, la expresión neoconstitucionalismo es ambigua, "porque a veces designa un modelo de organización jurídico-política (el fenómeno recién mencionado) y otras veces una forma determinada de interpretar ese fenómeno, esto es una concepción del derecho"[56].

Nos enseña Atienza, que tanto Guastini como Comanducci y Pozzolo, son férreos críticos de catalogar al neoconstitucionalismo como una nueva concepción del derecho, por lo que si bien, sostiene que no es posible hoy defender el positivismo clásico, no debe abandonarse éste, pero insiste en una alta carga valorativa de la Constitución, así como una estrecha vinculación entre derecho y moral, pudiendo inclinarse (en pala-

---

53 Barberis, Mauricio; *op cit*, p. 255.

54 Barberis, Mauricio; *op cit*, pp. 256-257.

55 Guastini, Riccardo; "A Propósito del Neoconstitucionalismo"; *Gaceta Constitucional* N° 67; extraído del portal www. gacetaconstitucional.com.pe/sumario-cons/.../art.%20 Guastini.pdf; p. 231.

56 Atienza, Manuel; "Constitución y Argumentación"; en *Derecho Constitucional, Neoconstitucionalismo y Argumentación Jurídica*; Edilex Editores; Guayaquil, Ecuador; 2010; p. 452.

bras de Comanducci) en una forma "variante del positivismo ideológico", lo cual sería a su criterio "una ideología criticable y peligrosa pues tiene como consecuencia la disminución del grado de certeza del Derecho derivado de la técnica de ponderación de los principios constitucionales y de la interpretación moral de la Constitución"[57].

Prieto Sanchís califica al neoconstitucionalismo como "una nueva cultura jurídica", que puede explicarse por el "constitucionalismo de los derechos o, si se prefiere, Constituciones materiales y garantizadas". El señalado autor explica que se refiere al contenido material de la Constitución, en el entendido de que está integrada por derechos, directrices, principios y valores que no sólo están orientadas a organizar al poder público, sino además limitar su ejercicio e incluso decirle como debe decidir. Igualmente, alude a la garantía de la Constitución, pues su protección y efectividad se encomienda a los jueces. En definitiva, la Constitución se presenta simultáneamente "como un límite o garantía y como una norma directiva fundamental"[58].

En otra obra, Prieto Sanchís explica que el neoconstitucionalismo es una teoría del derecho opuesta al positivismo teórico que se resume en cinco orientaciones o líneas de evolución:

> ...más principios que reglas; más ponderación que subsunción; omnipresencia de la Constitución en todas las áreas jurídicas y en todos los conflictos mínimamente relevantes, en lugar de espacios exentos a favor de la opción legislativa o reglamentaria; omnipotencia judicial en lugar de autonomía del legislador ordinario; y, por último coexistencia de una constelación plural del valores, a veces tendencialmente contradictorios, en lugar de homogeneidad ideológica en

57 Atienza, Manuel; *Constitución y Argumentación*; *op cit*, p. 454.

58 Prieto Sanchís, Luis; *El constitucionalismo de los Derechos; en Teoría del Neoconstitucionalismo*; Editorial Trotta; Madrid; 2007; p. 214.

torno a un puñado de principios coherentes entre sí y en torno, sobre todo, a las sucesivas opciones legislativas[59].

El Exmagistrado de la Corte Constitucional Italiana Gustavo Zagrebelsky, se inclina por la tesis de la Constitución viviente, al señalar con meridiana claridad que:

> ...la propensión de futuro es la esencia de la constitución y la naturaleza particular de sus normas es el mejor testimonio. Quien, en nombre de los orígenes, esto es, de la fidelidad de una constitución inerte, entienda que cualquier nueva exigencia constitucional debe manifestarse no a través de renovadas respuestas a los nuevos interrogantes, sino solamente a través de reformas, con el objetivo de que se garanticen de esa manera la separación de los poderes y la certeza del derecho, desconoce tanto la función de la jurisprudencia como la importancia de la duración en la vida constitucional. Es decir, desconoce la función de la constitución[60].

En nuestro hemisferio se destaca el profesor mexicano Miguel Carbonell, quien ha sido reconocido por ser uno de los principales precursores y difusores de la tesis del neoconstitucionalismo, al publicar dos libros recopilatorios (2003 y 2007) de las principales tesis que lo sustentan, lo define como "el término o concepto que explica un fenómeno relativamente reciente dentro del estado constitucional contemporáneo"[61].

Carbonell alude a tres niveles de análisis para comprender el constitucionalismo, a saber: i) los textos constitucionales, donde se pretende estudiar las constituciones que comienzan a surgir después de la segunda guerra mundial, principalmente en cuanto a su materialización; ii) las prácticas jurisprudenciales, por la actividad desplegada por los órganos especializados de control constitucional (Tribunales, Cortes o Salas Constitu-

---

59 Prieto Sanchís. Luis; *Justicia Constitucional y derechos fundamentales*; Editorial Trotta; 2da edición; Madrid; 2009; p. 117.

60 Zagrebelsky, Gustavo; "Jueces Constitucionales"; en *Teoría del Neoconstitucionalismo*; Editorial Trotta; Madrid; 2007; p. 99.

61 Carbonell, Miguel; define la voz "Neoconstitucionalismo"; en *Diccionario de Derecho Procesal Constitucional y Convencional*; Tomo II, UNAM; 2014; pp. 935 a 939.

cionales) y "la dificultad de trabajar con valores que están constitucionalizados y que requieren una tarea hermenéutica que sea capaz de aplicarlos a los casos concretos de forma justificada y razonable, dotándolos de esa manera de contenidos normalmente concretos"; y, iii) de los desarrollos teóricos, inspirados en las ideas de los grandes pensadores del derecho de mediados del siglo XX a la actualidad, tales como Dworkin, Alexy, Nino, Prieto Sanchís, Ferrajoli, entre otros[62]. Sin embargo, el propio Carbonell reconoce que esos tres niveles pueden ser explicados por las tesis positivistas de la primera mitad del Siglo XX, pero que la novedad está en el conjunto y en los efectos operativos que tienen sobre el Estado Constitucional[63].

En respuesta a la tesis neoconstitucionalista, el profesor Vigo resalta, en un extraordinario trabajo, de los riesgos de éste, pero no se queda con el diagnóstico del problema, por el contrario, con la gran genialidad que lo caracteriza propone quince soluciones. Por lo pronto, trataré de resumir las dieciocho alertas: 1) Sobreinterpretación de la Constitución o "sobreconstitucionalización": Reconoce el efecto de irradiación de la Constitución y que "todo el derecho queda teñido del mismo color de la misma", pero critica la sobreinterpretación, que a su entender "consiste en pretender que en la Constitución están todas las soluciones jurídicas y por ende se impone su aplicación, sin que quede margen para la creación discrecional de otras normas". Señala además, que el mismo peligro lo produce la "infraconstitucionalización"; 2) La irrelevancia o debilitamiento del poder Legislativo y de la ley: "Preferencia por la capacidad argumentativa dialógica judicial frente de la generada en el ámbito legislativo"; 3) Debilitamiento de la democracia: El poder judicial es el menos democrático pues "en su selección no interviene directamente el pueblo"; 4) Un nuevo iuspositivismo ideológico constitucional: Encierra el riesgo de "un

---

62 Carbonell, Miguel; "El Neoconstitucionalismo en su Laberinto"; en *Teoría del Neoconstitucionalismo*; Editorial Trotta; Madrid; 2007; pp. 9-12.

63 Carbonell, Miguel; en *Diccionario* (....); *op cit*; p. 939.

nuevo dogmatismo", por pretender sostener que todo lo dispuesto por el constituyente es claro, coherente, justo, útil, completo, etc. Resalta además, que "en esa religión por supuesto que serían los constitucionalistas, y más específicamente los jueces constitucionales los encargados de administrar la palabra y oficiar el culto en el que deben creer los juristas, cualquiera sea la especialidad que tengan"; 5) La desnormativización del derecho: Refiriendo con ello "el entusiasmo por los principios pregonado por los neoconstitucionalistas, puede llevar a marginar las normas"; 6) Hipermoralización del derecho: Señala que "es indiscutible que las constituciones contemporáneas se cargan de principios y valores y cuando ellos se juridiza una avalancha de moral se introduce al derecho"; 7) Prescindencia del silogismo deductivo judicial: producto de la principialización del derecho y de las críticas al logicismo formal se ha introducido una nueva teoría argumentativa que persigue "operatividad del derecho" sustituyendo "el silogismo por la ponderación racional"; 8) La prescindencia de la ciencia jurídica: Pone como ejemplo el Juez Hércules de Dworkin como paradigma de lograr "la aplicación o determinación del derecho para los casos concretos"; 9) La pérdida de la seguridad jurídica: Ello por optar "privilegiadamente entre por la equidad o la justicia"; 10) La jurisprudencia como única fuente de derecho: Es decir sólo la jurisprudencia constitucional sería fuente y el resto estaría condicionada a ella; 11) La supresión o el debilitamiento del Estado: Producto de la globalización y existencia de la justicia supranacional; 12) La absorción por el derecho de toda la teoría ética social: "sería pedirle mucho al derecho y a los juristas"; 13) Hiperrealismo jurídico: se presenta la confrontación entre respuestas jurídicas justificadas en valores formales y la exigencia de justicia por parte del ciudadano; 14) El derecho asistemático o aporético: se preocupa por buscar la mejor respuesta posible al caso y no a apostar a un sistema; 15) La concreción inconstitucional de reformas constitucionales: sitúa al tribunal constitucional como un órgano constituyente permanente que va de la mano con el concepto de Constitución viviente; 16) politización del poder judicial: "el modelo del juez aséptico y apolítico se debilita y deja de ser atractivo por la constitucionalización del derecho vigente"; 17) el poder judicial como poder administrador: "el Siglo XIX fue el del Poder Legislador, el Siglo XX fue el del Poder Ejecutivo y el siglo XXI sería el del Poder Judicial"; y, 18) Etnocentrismo judicial: Sería tratar de imponer la civilización occidental a otras culturas distintas que no estarían enmarcadas en esa forma de pensar o en esa cultura determinada[64].

Dentro de las debilidades del neoconstitucionalismo encontramos el problema de pretender que sea tratado como una nueva teoría general del derecho, toda vez que se sustenta en sistemas jurídicos, modelos de control constitucional y doctrinas diametralmente opuestas, lo que puede apreciarse con claridad al contrastar la influencia del sistema anglosajón y el romano germano, en los que si bien puede existir alguna coincidencia, las diferencias son estructurales.

En nuestro criterio la discusión no debe plantearse en la supuesta desaparición o crisis del positivismo, pues eso la lleva a un plano irreconciliable entre los defensores de las tesis iusnaturalistas y las positivistas. Por el contrario, pareciera que todo apunta a utilizar los mejor del positivismo y del iusnaturalismo, para configurar una suerte de tercera vía o síntesis de proposiciones opuestas, en las que pueda llegar a pensarse en

---

64 Vigo, Rodolfo Luis; "Constitucionalización y neoconstitucionalismo: riesgos y prevenciones"; en *Libro Homenaje a Héctor Fix-Zamudio*; extraído del portal web: biblio.juridicas.unam.mx/libros/6/2560/21.pdf.; pp. 413-437. El profesor Vigo, quien además fue un destacado Juez, propone como remedios al neoconstitucionalismo que: 1) se utilice una mejor técnica legislativa; 2) se dicten leyes más modestas; 3) prevalezca "más argumentación justificatoria en la producción autoritativa de las leyes", es decir, que se tome en serio el tema de la argumentación y se superen los estudios clásicos para enriquecer el debate; 4) más estudio y control de la jurisprudencia; 5) sistemas jurídicos flexibles; 6) más cultura constitucional; 7) más filosofía jurídica; 8) reformulación de los poderes del Estado; 9) más ética profesional en la función pública; 10) más y mejor capacitación judicial; 11) mejor publicación del derecho vigente; 12) una cultura jurídica premial; 13) self-restraint judicial; 14) el pluralismo y sus límites; 15) la recuperación del estado y sus competencias.

utilizar el mecanismo de subsunción para la aplicación de las reglas, así como el método de ponderación en los casos donde exista enfrentamiento o sea necesario conciliar los valores o principios contrapuestos.

Tampoco consideramos que cabe afirmar que el neoconstitucionalismo es una tesis vinculada a pensadores de izquierda, toda vez que el problema no es la tendencia política (los derechos humanos no son ni de derecha ni de izquierda) del proponente, sino colocar a la dignidad de la persona como su eje central y servir de límite al ejercicio del poder.

Un buen punto de partida para comenzar a discutir sobre del neoconstitucionalismo son los elementos comunes destacados en la doctrina, sobre los cuales se propuso esa tesis, pero que además se presentan, con algunos matices, en la generalidad de los ordenamientos jurídicos, a saber: i) el principio de supremacía constitucional; ii) el carácter normativo de la Constitución; iii) la carga axiológica de la Constitución, por la presencia no sólo de reglas, sino de valores y principios, independientemente de que estén positivizados o no; iv) la consagración de derechos sociales en la Constitución; v) el reconocimiento de derechos fundamentales y su garantía en la Constitución; vi) la creación de órganos especializados de control constitucional; vii) el reconocimiento de la jurisdicción internacional de protección de los derechos humanos; viii) el denotado intereses en los temas de interpretación y argumentación, desde mediados del Siglo XX; ix) el rol del juez como sujeto de transformación social a través de sus decisiones y los límites necesarios a ese activismo; x) la crisis del parlamento generada por la lentitud en los procesos de creación de las leyes frente a los cambios vertiginosos de la sociedad; xi) los efectos de irradiación que ha tenido la Constitución en todos los espacios del ejercicio del Poder Público; xii) la presencia cada vez más frecuente de normas de textura abierta.

Pero como todo no puede ser consenso, existen otros temas sobre los cuales no será sencillo lograrlo, pero que deben formar parte de la discusión para aceptar o no la tesis del neoconstitucionalismo, entre ellos resalto: i) el mecanismo de subsunción frente al de ponderación; ii) la conexión entre la moral y el derecho; iii) la especificidad o no de la interpretación constitucional; iv) la diferencia entre la argumentación jurídica y la constitucional; v) la vinculación entre el estado constitucional, el estado social y el estado de derecho con el neoconstitucionalismo y más allá de ello, su vinculación con la garantía objetiva de la Constitución y la protección de los derechos fundamentales; vi) considerar al neoconstitucionalismo como una vertiente del positivismo ideológico, como postpositivismo, como una nueva teoría o como un nombre que se utilizó para explicar los fenómenos descritos como comunes en el párrafo anterior; viii) la legitimidad democrática de los jueces para interpretar la Constitución y actuar en materias propias del legislador o incluso del Ejecutivo, frente al temor de convertir ese activismo en un gobierno de los jueces.

En fin, la realidad impone darle respuestas al ciudadano, toda vez que el sólo reconocimiento de sus derechos (Constitución formal) no ha sido suficiente para concretar la voluntad del constituyente (Constitución material), por lo que los proponentes del neoconstitucionalismo han propuesto que esa concreción se produce con ésta.

Nuestra principal preocupación está orientada al peligro que significa el hiperactivismo del juez a la hora de intervenir en todos los asuntos de la sociedad, independientemente de que sean propios del Ejecutivo o del Legislativo o incluso al propio Constituyente. Creemos firmemente en que hay que poner un límite a ese hiperactivismo y para ello la primera barrera es la Constitución, luego los valores y principios que están en ella o la inspiran, las decisiones de los órganos internacionales de protección de derechos humanos y una alta carga ética en el ejercicio de los cargos judiciales previamente electos por concursos públicos.

De no colocarse esos límites al hiperactivismo judicial, se pueden repetir los desmanes propios de regímenes dictatoriales, donde los jueces se destacaron no por sus logros sino por tratar de justificar la validez de actuaciones contrarias al ordenamiento jurídico y más grave aún, contrarias a la dignidad humana.

A pesar de la reflexión anterior, por muy dura que sea, consideramos positivo el balance en esos casi 20 años de que se utilizó por primera vez el neoconstitucionalismo, en razón de que le puso nombre a elementos comunes (los xii antes descritos) por la doctrina, la jurisprudencia y los textos constitucionales, e inició una prolífica discusión en la academia que ha perdurado hasta nuestros días, donde, a pesar de los disensos, se ven matices del diseño de una nueva forma de aproximarse al derecho a partir de la necesidad de centralizarlo en la protección efectiva de los derechos humanos y en servir de contención al ejercicio del poder.

El neoconstitucionalismo impacta directamente nuestra investigación sobre el diálogo jurisdiccional, ya que coloca en el tapete dos elementos que lo favorecen, el primero de ellos es la garantía efectiva de los derechos humanos y el segundo, referido a la ponderación de derechos como mecanismo utilizado en la solución de los asuntos internos, lo que supone mayor discrecionalidad del juez, quien deberá balancear entre el derecho que más prevalezca sobre otro, tomando en cuenta valores y principios que son universalmente aceptados y que deben ser incorporados por los jueces nacionales.

IV. EL NUEVO CONSTITUCIONALISMO LATINOAMERICANO

Los profesores españoles Viciano y Martínez, luego de analizar el contexto en el que se produjeron los procesos de reformas de las Constitucionales de Colombia (1991), Venezuela (1999), Ecuador (2008) y Bolivia (2010) concluyen que el elemento diferenciador del nuevo constitucionalismo latinoamericano es que "cuenta con una Constitución en sentido propio (concepto material), es decir, fruto de la legitimidad democrática y que cuenta con instrumentos que garantizan la limitación del poder y la efectividad de los derechos contemplados en el texto constitucional". Dentro de las características formales del nuevo constitucionalismo los profesores Viciano y

Martínez, proponen la "originalidad" dado el carácter innovador de los procesos con que se han conducido los procesos de reforma constitucional; la "amplitud", como consecuencia de la extensión del artículos de los textos constitucionales; la "complejidad", por conjugar elementos enredados con lenguaje sencillo y comprensible al lector; y, la "rigidez", que se presenta con la necesidad de convocar el pueblo al momento en que requieran hacerse cualquier cambio. En ese mismo contexto, los mencionados profesores afirman que las características materiales del nuevo constitucionalismo latinoamericano serían la "actuación directa del poder constituyente para el avance de las sociedades" y la "necesidad de romper con sistemas anteriores propios del constitucionalismo débil"[65].

El profesor Casal resume el nuevo constitucionalismo latinoamericano a partir de sus rasgos generales, a saber:

> El énfasis en la importancia de las garantías constitucionales de los derechos, como componente indispensable de una declaración de intereses; la tendencia a consagrar derechos sociales y determinaciones de fines del Estado que poseen una alta carga aspiracional y que con frecuencia son una manifestación de la orientación transformadora de la propia Constitución; la apertura de esta última al Derechos Internacional de los Derechos Humanos, muy especialmente a los tratados internacionales de derechos humanos, a los que en nuestros sistemas se confiere rango constitucional.

También incluye como rasgos generales el reconocimiento de la pluralidad étnico-cultural, participación directa de la ciudadanía en los asuntos públicos y "el ejercicio del poder

---

65 Viciano Pastor, Roberto y Martínez Dalmau, Rubén, "Aspectos generales del nuevo constitucionalismo latinoamericano"; en: *El nuevo constitucionalismo en América Latina*; Corte Constitucional; Quito, Ecuador; 2010; pp. 15-19. Los citados autores sustentan su posición en la definición que hace el profesor Luis Favoreau, para quien: "La constitución es la juridificación de las decisiones políticas fundamentales adoptadas por la soberanía popular, es el elemento de enlace entre política y derecho y el mecanismo de legitimación democrática de éste".

constituyente del pueblo al margen de lo establecido en las Constituciones"[66].

Los cuestionamientos al nuevo constitucionalismo latinoamericano son muchos, pudiendo señalar la posición de los profesores brasileros Souza y Streck, quienes resaltan la sorpresa con la que la doctrina de su país recibió la existencia de esta nueva disciplina, ya que no fue tomada en cuenta la influencia que tuvo para el tema la Constitución de Brasil de 1988. Además, resaltan un hecho que salta a la vista, como es la imposibilidad de precisar en qué consiste la ciencia del viejo constitucionalismo latinoamericano, por oposición a la que supuestamente estaría naciendo o consolidándose. Critican la falta de universidades o programas de estudio que aborden el tema con un método que permita concluir en su existencia. A pesar de las críticas, resaltan como características del nuevo constitucionalismo latinoamericano:

> ...las herramientas de democracia participativa, directa. Iniciativa popular de enmienda constitucional, revocatoria del mandato, mandato e incluso elección directa para el tribunal constitucional (y judicial), auto-convocatoria (iniciativa ciudadana) a plebiscito y referendo, imperiosidad de manifestación popular directa para reforma de la Constitución. Además de la intensa ascensión de los pueblos indígenas, alzándolos a un nivel inédito de reconocimiento, autonomía, valorización[67].

Incluso en Ecuador, el profesor Zabala lo ha preferido denominar de otra forma, al vincularlo al fallecimiento del positivismo (incluso alude al nuevo positivismo) en su país, dando paso a "una nueva teoría jurídica", generada por el "constitu-

---

66 Casal, Jesús María; *La justicia constitucional y las transferencias del constitucionalismo*; UCAB y Fundación Konrad Adenauer; 2015; pp. 144 y 145.

67 Correa Souza De Oliveira, Fábio, y Streck, Lenio Luiz; "El nuevo constitucionalismo latinoamericano: reflexiones sobre la posibilidad de construir un Derecho Constitucional común"; en *Anuario Iberoamericano de Justicia Constitucional*; Centro de Estudios Políticos y Constitucionales; N° 18; Madrid; 2014; pp. 126-131.

cionalismo contemporáneo o neoconstitucionalismo". Para Zabala, las características del neoconstitucionalismo, que no "nuevo constitucionalismo latinoamericano", serían las siguientes:

> Es un derecho más de principios que de reglas (...); 2) mayor utilización del método de ponderación que el de la subsunción para la aplicación del derecho (...); 3) Una plenitud constitucional que llena al detalle el ordenamiento jurídico, dejando menos ámbito a la ley; 4) Poder del juez para la determinación de los derechos, en lugar de la antigua exclusividad del legislador para desarrollarlos y; 5) Una apertura a que cohabiten valores plurales que, eventualmente, pueden colisionar, en lugar de cerrase a un escaso número de principios coherentes y compatibles[68].

Tal como sucedió en Europa, donde se denominó neoconstitucionalismo a un fenómeno que dio explicación a las reformas constitucionales de las post guerra de mediados de siglo pasado; en nuestra región, se ha denominado como nuevo constitucionalismo latinoamericano a un fenómeno que consideramos coyuntural, producido por las reformas de las Constituciones de Colombia, Venezuela, Ecuador y Bolivia, que fueron impuestas por supuestas revoluciones, inspiradas en los anhelos de un grupo excluido de la población que urgía de reconocimiento y materialización de sus derechos, principalmente los sociales, culturales, étnicos y ambientales, así como el establecimiento de una democracia participativa mediante la consulta de los texto antes de su aprobación y la configuración de un sistema sólido de control constitucional, generalmente por órganos especializados en justicia constitucional.

La crítica mayor al nuevo constitucionalismo latinoamericano se presenta en la incoherencia de pregonar el derecho de participación del ciudadano del poder político, bien a través de referéndum consultivo, aprobatorio, abrogatoria o en

---

68 Zavala Egas, Jorge; *Derecho Constitucional, Neoconstitucionalismo y Argumentación Jurídica*; Edilex Editores; Guayaquil, Ecuador; 2010; p 275.

su máxima expresión que es la invocación del poder constituyente como fuente de origen de la legitimidad democrática de ese nuevo texto, cuando en la realidad, en Colombia la Constitución de 1991, no fue sometida a consulta posterior y en Venezuela la Constitución de 1999, que fue aprobada por consulta previa y posterior, pretende ser sustituida por la convocatoria de una Asamblea Nacional Constituyente por iniciativa del Ejecutivo Nacional en 2017, sin convocatoria del ciudadano, a través de un proceso consultivo para legitimarlo previa o posteriormente, es decir, se pretende derogar una Constitución aprobada por el pueblo mediante 2 consultas, mediante la iniciativa de un poder constituido que se erige como recipiendario de la soberanía popular.

Otra crítica, que consideramos insalvable, es que el nuevo constitucionalismo latinoamericano, no abarca a la globalidad de los procesos seguidos en la región, limitándose a unos pocos países en los que se dieron procesos de reformas constitucionales por imposición de ideologías políticas, que no fueron trasladadas a la mayoría de los demás. Lo anterior se traduce en la imposibilidad de calificarla como una ciencia y mucho menos como conformadora de un derechos constitucional común de Latinoamérica, donde no hay consenso sobre el tipo de control constitucional (difuso, concentrado o mixto), no se ha reconocido la democracia participativa, sino la representativa y lo más grave es que no se han resuelto las desigualdades sociales que inspiraron esos falsos cambios estructurales.

CAPÍTULO II: ESPECIFICIDAD DE LA ARGUMENTACIÓN CONSTITUCIONAL

En estricta correspondencia con el punto anterior, se le atribuye al neoconstitucionalismo una vinculación directa con la creación del Estado Constitucional[73], que propugna a grandes rasgos, colocar a la Constitución como el punto de partida de toda la actuación de los distintos poderes que lo integran, producto de una remarcada irradiación de sus efectos, básicamente caracterizado por un alto contenido axiológico[74]. Bajo

---

[73] Atienza, Manuel; *Constitución y Argumentación*; *op cit*, pp. 450-464. Sostiene que "el constitucionalismo, en cuanto teoría, constituye el núcleo de una nueva concepción del Derecho que, en mi opinión, no cabe ya en los moldes del positivismo jurídico, y una concepción que lleva a poner un particular énfasis en el derecho como práctica argumentativa (aunque, naturalmente, el Derecho no sea sólo argumentación)". Más adelante afirma que "El Estado constitucional supone así un incremento en cuanto a la tarea justificativa de los órganos públicos y, por tanto, una mayor demanda de argumentación jurídica". Por su parte, Vigo, Rodolfo; en el artículo "De la Interpretación de la Ley a la Argumentación desde la Constitución: Realidad, Teorías y Valoración". *Revista Díkaion*; Volumen 21; N° 21; Junio 2012; Cundinamarca; Colombia; p. 200, afirma que: "El EDL [Estado de Derecho Liberal] coherentemente expulsó del mundo de los juristas a la retórica dado que si la ley era infalible y daba "una" respuesta, lo único que correspondía era estudiarla y repetirla mecánicamente en el caso; pero como hemos dicho, si el jurista del EDC [Estado de Derecho Constitucional] debe elegir una respuesta de las disponibles en el Derecho vigente, es aconsejable que la argumente con persuasión o retórica".

[74] Pozzolo, Susanna; "Notas al margen para una historia del Neoconstitucionalismo"; en *Neoconstitucionalismo, Derecho y Derechos*; *Palestra*; Lima; 2011; p. 18. La profesora Pozzolo, sostiene que la "Constitución no es simplemente un nivel más en la pirámide. Está pensada como un conjunto plural de valores, a través de los cuales se controla la legislación. Su contenido literal pierde fuerza vinculante para el intérprete a favor de una aproximación moral".

esa perspectiva, los partidarios del neoconstitucionalismo han propuesto que ese efecto de propagación de la Constitución obliga a redimensionar el estudio de la teoría del derecho y en nuestro caso, de la argumentación. Ese alto contenido axiológico de la Constitución justificaría –a decir de los neoconstitucionalistas– la utilización del método de ponderación, por encima de la tradicional subsunción, básicamente para encontrar el equilibrio entre esos valores y principios en contradicción[75].

Me sumo a las enseñanzas del profesor Atienza, quien nos alerta sobre la necesidad de iniciar el debate entre argumentación y constitucionalismo con dos pasos sucesivos, el primero de ellos tendiente a aclarar el papel de la argumentación en relación al derecho de los Estados constitucionales y en segundo lugar, sí existe alguna diferente entre argumentación y argumentación constitucional[76]. Ello es así, por ser uno de los fenómenos que van a aparejados al Estado Constitucional y al cual comúnmente denomina "constitucionalización", aludiendo a "una Constitución extremadamente invasora, capaz de condicionar tanto la legislación como la jurisprudencia y el estilo doctrinal, la acción de los actores políticos y las relaciones sociales"[77]. Es precisamente, sobre la base de esa irradiación constitucional que Atienza se atreve a definir a la argumentación constitucional como "aquella dirigida a justificar los procesos de interpretación, aplicación y desarrollo de la Constitución"[78], para justificar el método de ponderación, al afirma que "la argumentación constitucional, en la medida en que es una

---

75 Pozzolo, Susanna; Notas al margen (....); *op cit*; p. 58. "Los conflictos entre valores constitucionales giran en torno a desacuerdos sustantivos que podrían resolverse haciendo concurrir entre ellos los argumentos a favor de uno o de otro, para decidir, en fin, cuál ofrece la mayor aplicación del concepto en cuestión". Aunque otros autores se inclinan por elegir entre un valor o principio frente a otro, en vez de encontrar un equilibrio entre ellos.

76 Atienza, Manuel; *Constitución y Argumentación*; *op cit*; p. 451.

77 Atienza, Manuel; *Constitución y Argumentación*; *op cit*, p. 452.

78 Atienza, Manuel; *Constitución y Argumentación*; *op cit*, p. 473.

argumentación a partir de principios, parece suponer siempre, de una u otra forma, una operación de ponderación"[79].

Esa superación del Estado Liberal de Derecho, dando paso al Estado Constitucional, ha sido destacada por Ferrajoli (citado por Atienza) quien considera debe ser sustituido "por el nuevo paradigma del constitucionalismo en el que el derecho no se identifica ya exclusivamente con las leyes, sino con las leyes y la Constitución. Esto, (...) no supone un abandono o una superación del positivismo, sino su completa realización"[80]. El propio Ferrajoli destaca esa sustitución del modelo paleopositivista del Estado Legislativo de Derecho, para dar paso al Estado Constitucional de Derecho, que vincula formal y sustancialmente, por lo que del "derecho resulta positivizado no solamente su 'ser', es decir, su existencia o vigor sino también su 'deber ser'"[81].

Justifica Pozzolo la importancia de la utilización del método de ponderación en el neoconstitucionalismo, por la competencia entre valores, derechos y principios, que impide que la discusión se trate de conceptos vagos o confusos, remarcando con ello la necesidad de argumentar, ya que:

> ...cada posición debe ser precisa para resultar eficaz en la concurrencia con otras. Así, en el debate sobre los valores, los participantes en la práctica argumentativa ofrecen distintos usos, todos ellos significativos en el interior de la misma forma de vida. Si el desacuerdo fuese conceptual, entonces cada interlocutor hablaría de realidades distintas y separadas, y no habría entonces posibilidad de comprensión.

De allí que "los argumentos derrotados en la competencia encontrarían, a través de otros órganos del sistema, vías de regeneración y de revisión"[82].

---

[79] Atienza, Manuel; *Constitución y Argumentación*; *op cit*, p. 472.

[80] Atienza, Manuel; *Constitución y Argumentación*; *op cit*, p. 456.

[81] Ferrajoli, Luigi; "Sobre los Derechos Fundamentales"; en *Teoría del Neoconstitucionalismo*; Editorial Trotta; Madrid; 2007; pp. 71-71.

[82] Pozzolo, Susanna; *Notas al* (...); *op cit*; pp. 61-64.

En correspondencia con la posición anterior, Prieto Sanchís, afirma que "la aplicación de principios reclama una teoría de la argumentación especialmente refinada que pueda intentar compensar su déficit de determinación", por lo que "si argumentar equivale en último término a justificar, el nuevo constitucionalismo encarna una exigencia de justificación, o mejor dicho, de mayor justificación", lo cual "no equivale a una feliz reconciliación del derecho y la moral"[83]. En otro trabajo, Prieto Sanchís describe:

> ...lo que caracteriza al modelo argumentativo es que no admite espacios exentos o de inmunidad por parte de la ley, lo que no impide una amplia libertad de configuración que bien puede desarrollarse en todos los espacios de la política constitucional; es la imagen de la proporcionalidad y del equilibrio, más que la de coto vedado, la que ha de tomarse en consideración[84].

De las tesis de Pozzolo y Pietro Sanchís se puede concluir, que con la utilización del método de ponderación es imposible que existan lagunas, pues frente a la vaguedad o ambigüedad de las normas constitucionales abiertas, el intérprete debe justificar mejor su decisión.

Por su parte García Amado, en su réplica a Prieto Sanchís, crítica seriamente el método de la ponderación, al sostener que en su:

> ...diseño constitucional la prioridad la tiene el legislador democrático, con el único límite de la semántica constitucio-

---

[83] Prieto Sanchís, Luis; *Justicia Constitucional (...)*; *op cit*; pp. 103-134. Este autor destaca las siguientes consecuencias de la conexión entre derecho y moral: a) "La validez de las normas o decisiones ya no depende de su mera existencia u origen social, sino de adecuación formal y sustantiva a la Constitución y, más aún, de su consistencia práctica con ese horizonte de moralidad que reside y se recrea en la argumentación constitucional, b) Implica una nueva visión de la actitud interpretativa y de las tareas de la ciencia y de la teoría del derecho, c) No se puede excluir el problema de la obediencia del derecho, a pesar del debate moral."

[84] Prieto Sanchís, Luis; *El constitucionalismo* (...); *op cit*; p. 222.

nal, límite que el Tribunal Constitucional controla. De lo contrario no tendremos más remedio que creer que el Tribunal Constitucional posee un método ponderativo, que al legislador le está vedado, lo que le permite elevarse a conocimientos que al legislador por definición se le hurtan[85].

Vigo al desarrollar lo que denomina "el enclave constitucional de la argumentación", sostiene que "no es el codificador civil sino la jurisprudencia constitucional la que finalmente va discerniendo la teoría interpretativa o argumentativa que en ese sistema jurídico se admite o prescribe"[86]. Con la anterior afirmación, le está atribuyendo un rol fundamental a la jurisprudencia constitucional, por encima de las prescripciones realizadas por el legislador, lo cual va de la mano con la doctrina que asegura que es en los casos prácticos donde se evidencia la mayor utilización y comprensión de la argumentación. No obstante, Vigo cuestiona la ausencia de utilización de la prudencia en lo que respecta:

> ...a las teorías de la argumentación y a los neoconstitucionalistas que como Alexy se inspiran en Kant, no les resulta fácil conectar racionalmente sus propuestas a las contingentes

---

[85] García Amado, Juan Antonio; "Derechos y Pretextos. Elementos de Crítica del Neoconstitucionalismo"; en *Derecho Constitucional, Neoconstitucionalismo y Argumentación Jurídica*; Edilex Editores; Guayaquil, Ecuador; 2010; pp. 244-251. El citado autor llega al punto de satirizar el método de ponderación propuesto por el neoconstitucionalismo, al sostener que debería tenerse un "ponderómetro", para diferenciar el grado de ponderación entre el legislador y el juez. Continua García Amado afirmando que "el positivista no estima que los enunciados de la Constitución le digan mucho al legislador y poco al juez, pues lo que de indeterminado, por vago o ambiguo, hay en ellos, indeterminado es para el uno y para el otro. Lo que el positivista establece es una regla de preferencia a la hora de establecer quien tiene la suprema palabra en lo que la Constitución en su dicción no determine, y tal prioridad le otorga al legislador por las razones políticas que he mencionado, lo que se traduce para los jueces, y en especial para las Cortes Constitucionales, es una invitación al self-restraint".

[86] Rodolfo Vigo; *De la Interpretación (....)*; *op cit*; p. 206.

circunstancias, aun cuando podemos encontrar atisbos de ellas en la razón ponderativa de los principios.[87]

En su trabajo sobre las sentencias constitucionales, el profesor Gozaíni, al desarrollar el tema de la argumentación constitucional, nos recuerda que es un asunto complejo por la multiplicidad de actores, la gran carga subjetiva de las partes quienes tratan de convencer a los jueces, quienes detentan su propia ideología, pero que deben actuar con prudencia y ser razonables.[88] Además, destaca la diferencia que supone argumentar una sentencia constitucional en el sistema del *civil law* frente al *common law* y en los diversos tipos de control de constitucionalidad, como son el que haría cualquier juez ordinario en el control difuso, el tribunal constitucional (o quien haga sus veces) en el control concentrado o ambos en el mixto[89].

En un extraordinario trabajo de investigación, Queralt analiza la comunicación entre los tribunales de derechos humanos y los tribunales constitucionales, clasificando esos usos interpretativos (no utiliza la expresión diálogo jurisprudencial) del canon europeo en los siguientes: i) como argumento de autoridad *ad abundantiam*; ii) como argumento de autoridad complementario; iii) "la incorporación de pautas interpretativas y la incorporación de contenidos"; y, iv) el desarrollo incipiente de un *ius commune*. Respecto al primero de los usos, esto es al argumento de autoridad *ad abundantiam* señala que "por lo general, las estructuras argumentativas en las que se encuentran integradas las referencias al canon europeo no forman parte de la ratio decidendi sino más bien a los obiter dicta", que pueden darse: i) a través de "fórmulas y expresiones" de criterios adoptados; ii) de citas sucesivas de sentencias de los tribunales europeos; iii) de transcripción de los convenios sobre DDHH; iv) de citar el convenio con jurisprudencia indistinta de

[87] Rodolfo Vigo; *De la Interpretación (...), op cit*; p. 223.

[88] Osvaldo Gozaíni; *Sentencias constitucionales*; Librería & Editorial Barrios & Barrios; Panamá; 2014; p. 47

[89] Osvaldo Gozaíni; *op cit*; p. 52.

los tribunales europeos; y, v) el uso de casos anteriores. Por su parte el argumento complementario, "pese a no suponer la incorporación de nuevos elementos en la configuración de los derechos fundamentales, su utilización sí implica un valor interpretativo relevante en el sentido en que se refuerza efectivamente una determinada argumentación vertida por el TC, corroborando su propia decisión", es un estilo más depurado de selección de los casos seleccionados y supone un ejercicio argumentativo con el doble test de constitucionalidad y de convencionalidad. En lo atinente a la incorporación de criterios interpretativos, se basa en "reinterpretar la Constitución de forma compatible con el canon europeo", lo que se hace como una función integrativa. Respecto de la búsqueda de un *ius commune* europeo reconoce que es incipiente, pero que comienza por aceptar el *acquis conventionnel* y usarlos como argumentos en las sentencias del tribunal constitucional.[90]

Uno de los mayores retos del diálogo judicial es lograr precisar cuándo el uso del derecho extranjero puede ser útil para resolver un caso idéntico en el país receptor. Ello parte por diferencias cuando las constantes citas que suelen usar los tribunales del derecho extranjero son meros recursos de "erudición discursiva", para "reforzar la argumentación del tribunal" o están vinculadas a la *ratio decidendi*. Debemos destacar que no toda cita jurisprudencial o derecho extranjero puede traducirse en un "argumento comparativo", ya que, al igual que el profesor De Vergottini, éste se produce "cuando el proceso de interpretación y resolución consiente concretar el razonamiento comparativo de forma intrínseca a la ratio decidendi", lo demás será juicio comparativo. La importancia de hacer esta diferencia es que es muy común que las citas de jurisprudencia o derecho extranjero se hagan en un *obiter dicta*, que no re-

[90] Argelia Queralt Jiménez; *La interpretación de los derechos: del Tribunal de Estrasburgo al Tribunal Constitucional*; Centro de Estudios Políticos y Constitucionales; 7ma edición; Madrid; 2008; pp. 219-259.

suelve el asunto concreto sometido al conocimiento de ese tribunal[91].

De Vergottini nos enseña que "la jurisprudencia extranjera no tiene en absoluto alcance vinculante"[92], por lo que partiendo de esa afirmación, las constantes citas a la que nos acostumbras las Altas Cortes de Justicia Nacionales no afectan la *ratio decidendi*, ni resuelven el asunto sometido al conocimiento, a lo sumo, tiene efecto de apoyo y operan como argumentos de autoridad, sujetos a la comprobación de la identidad entre los sistemas emisor-receptor para poder calificarla de falacia o un uso adecuado.

Existen, como es lógico, voces disidentes que no consideran diálogo jurisprudencial cuando un juez nacional cita decisiones de un juez internacional, por considerar que:

> ...esa invocación es ajena a los vínculos jurídicos que dan valor al fallo, o lo que es lo mismo, el precedente se lo cita para dar más fuerza y motivación al fallo, como una especie de opinión doctrinal, pero no como expresión de una obligación internacional[93].

Burgos destaca de la intensidad en el uso de la jurisprudencia extranjera como práctica común de los tribunales para argumentar sus fallos, proponiendo que se clasifique en: i) comunicación "ad exemplum en la que la jurisprudencia extranjera es citada como referencia lejana tanto en sentido positivo (apoyar la propia decisión) como negativo (mostrar las deficiencias de tal construcción)"; ii) comunicación "a fortiori, en el que la referencia extranjera permite reforzar los argumentos propios de nuestro ordenamiento jurídico que nos han llevado a la misma conclusión"; iii) comunicación "ad ostentationem que pretende reforzar la propia construcción jurisprudencial

---

91 De Vergottini, Giuseppe, *El diálogo ... op cit*; p. 356.

92 De Vergottini, Guiseppe; Más allá...*op cit*; p. 86.

93 Ortiz Torricos, Marcela Rita; *op cit*; pp. 269-271. A pesar de la afirmación anterior, reconoce que la cita de sentencia extranjera "significaría una mayor ponderación y motivación en la decisión".

mediante la cita erudita y abundante"; iv) comunicación "ad auctoritatis en la que la cita a una fuente jurisdiccional de autoridad permite asumir decisiones difíciles de argumentar sólo con el propio ordenamiento jurídico" y; v) comunicación "ex lege porque el propio ordenamiento jurídico nos obliga a tener en cuenta la jurisprudencia ajena"[94].

Debemos destacar que un reto para ubicar si estamos en presencia de un mero uso argumentativo o de un verdadero diálogo judicial, es la ausencia de método que permita clasificar la jurisprudencia, analizar el impacto sobre el caso y las similitudes entre ambos sistemas, de otro modo simplemente será un ejercicio de "copiar y pegar"[95].

Otra forma de enfocar el tema de la argumentación constitucional son las diferencias entre la argumentación utilizada por los jueces ordinarios y los jueces constitucionales, entre las que resaltan:

a. La diferencia no está en los elementos formales o materiales de la argumentación a la hora de justificar la decisión en los casos difíciles. Por el contrario, las diferencias están en los elementos institucionales, lo que denomina "concepción programática de la argumentación", como la competencia especializada de los tribunales constitucionales y la autoridad que produce el que sus decisiones tengan un efecto de precedente o sean vinculante a los demás tribunales[96]. No obstante que la motivación de la decisión judicial por parte del juez ordinario y el constitucional en los casos difíciles parece ser la misma, el dialogo entre el órgano

---

[94] Rafael Bustos Gisbert; "XV Proposiciones generales para una teoría de los diálogos judiciales"; *Revista Española de Derecho Constitucional*; N° 95; Mayo-Agosto 2012; Centro de Estudios Políticos y Constitucionales; Madrid; 2012, p. 19

[95] Ayala Corao, Carlos; *Del Diálogo jurisprudencial al control de convencionalidad*; Editorial Jurídica Venezolana; Colección de Estudios Jurídicos N° 98; Caracas; 2012, p. 21.

[96] Manuel Atienza; *Constitución y Argumentación*; *op cit*, p. 474.

constitucional debe ser racional y auditorio es más amplio -parafraseando a Perelman-, por lo que en la argumentación constitucional puede decirse que "existen elementos de tipo dialéctico y retórico".

b. Desde el punto de vista formal la diferencia entre "la argumentación de los tribunales ordinarios y la de los tribunales constitucionales es que, en el caso de estos últimos, la ponderación adquiere un gran protagonismo, como consecuencia del papel destacado de los principios en las constituciones contemporáneas. No quiere decir que los jueces ordinarios no ponderen, sino que sólo tiene que hacerlo, en cierto modo, cuando se enfrentan con casos difíciles que no pueden resolverse (explícitamente) a principios constitucionales y en circunstancias en las que el tribunal constitucional no ha tenido oportunidad aun de pronunciarse; cuando lo ha hecho, el juez ordinario ya tiene a su disposición una regla, esto es, debe seguir la ponderación efectuada por el tribunal constitucional"[97].

c. Otra diferencia en la argumentación constitucional es que normalmente se utiliza la Constitución como argumento de autoridad[98].

En nuestro criterio, no creemos en la existencia de una argumentación constitucional, como una especie de la argumentación jurídica, por los siguientes motivos:

a. Si bien las Constituciones contemporáneas se caracterizan por una alta carga axiológica, las leyes también la tienen, por lo que es común encontrar en ambas nor-

---

97 Manuel Atienza; *Constitución y Argumentación*; *op cit*, p. 465. El profesor Jesús María Casal, *La justicia (..) op cit*; pp. 144-145, incluye una diferencia entre el "discurso constitucional" de las altas cortes constitucionales y los demás tribunales, en que las altas cortes constitucionales tienen la última palabra y que ese discurso debe estar orientado a un auditorio más amplio.

98 Manuel Atienza; *Constitución y Argumentación*; *op cit*, p. 461.

mas de estructura abierta, así como valores y principios, por lo que es un error afirmar que la diferencia entre ambos es que en la argumentación constitucional se usa el método de ponderación y en la argumentación jurídica la subsunción.

b. Es un error pretender vincular la existencia del estado constitucional con la argumentación constitucional y, ésta a su vez, con el método de ponderación, toda vez que en el estado social de derecho también se le atribuye un peso específico a la Constitución como norma que impregna todo el ordenamiento jurídico y más aún, el método de ponderación se ha utilizado en países donde ni siquiera existe una Constitución escrita.

c. Los argumentos que la doctrina ha clasificado metódicamente pueden ser perfectamente utilizados tanto en la argumentación jurídica como en la argumentación constitucional, pudiendo variar únicamente la intensidad con que son utilizados, por ejemplo, los argumentos de autoridad y teleológicos son los más utilizados por los Tribunales Constitucionales, mientras que el argumento analógico, de autoridad y a contrario, son los más utilizados por la justicia ordinaria. No obstante, para llegar a la conclusión de la existencia de una argumentación constitucional se debe estudiar los argumentos utilizados por los jueces ordinarios y constitucionales, lo que todavía no ha ocurrido.

d. En un sistema mixto de control constitucional, todos los jueces están obligados a garantizar la integridad de la Constitución, por lo que no es cierto que la argumentación constitucional esté reservada para los órganos especializados, como en nuestro caso sucede con la Sala Constitucional.

Uno de los trabajos de investigación mejor elaborados en materia de argumentación constitucional es el Ezquiaga, quien ha estudiado por varios años la jurisprudencia del Tribunal Constitucional Español y ha propuesto una clasificación de los tipos de argumentos a partir de casos prácticos. Dentro de esa tipología propuesta se encuentra el argumento de autoridad, el cual:

> ...consiste en utilizar la opinión de una persona en favor de una tesis propuesta, pero al no proporcionar más que opiniones esta forma de argumentación obtiene una fuerza mayor o menor en función del prestigio que se le reconoce a la autoridad invocada[99].

A su vez, incluye como un subtipo del argumento de autoridad al argumento comparativo que:

> ...consiste en atribuir a un enunciado normativo el significado que considera que constituye el significado de otro enunciado normativo perteneciente a un ordenamiento jurídico diferente. Es decir, el juez nacional se encuentra frente a un enunciado normativo de su propio ordenamiento, y si pone en práctica una argumentación comparativa, el significado que él considera que posee otro enunciado normativo que regula la misma materia, pero que pertenece a un ordenamiento jurídico diferente al suyo. Y la única razón por la que se apela a la regulación establecida en otro sistema jurídico es porque ese sistema es tomado como autoridad. La fuerza persuasiva de este tipo de argumentación es en principio más bien escasa, aunque depende, como sucede en todas formas del argumento de autoridad, de la autoridad invocada[100].

Explica el autor que es un argumento comparativo por dos razones principales: i) las decisiones de los tribunales extranjeros no son obligatoria en el ordenamiento jurídico español y, ii) las interpretaciones de los tribunales extranjeros recaen sobre legislación extranjera y no interna. Reconoce que por fuerza del artículo 10.2 de la Constitución española el argumento comparativo tiene gran "fuerza persuasiva", convirtiendo en habitual la cita de tratados sobre DDHH y de sentencias del TEDH, tanto para el juzgador como para las partes.

---

[99] Francisco Javier Ezquiaga Ganuzas; *La argumentación en la justicia constitucional*; Editorial y librería jurídica Grijley; Perú; 2013, p. 403.

[100] Francisco Javier, Ezquiaga Ganuzas; *op cit*, p. 425.

La influencia de la argumentación constitucional es directa en el tema del diálogo jurisdiccional, por el exponencial uso del argumento de autoridad en las altas cortes internacionales y nacionales para dar prestigio a una decisión, que se ve adornada por citas abundantes de distintos tribunales, sin método alguno, sin análisis previo de su pertinencia en el receptor o tratamiento disímil en que exporta la idea.

CAPÍTULO III: INFLUENCIA DEL DERECHO INTERNACIONAL DE LOS DERECHOS HUMANOS EN EL DIÁLOGO JURISPRUDENCIAL

Ayala sostiene que una de las consecuencias de la "Universalización de los Derechos Humanos" y del "Derecho Constitucional Universal", es que se deja en manos de la jurisprudencia de los tribunales nacionales e internacionales su desarrollo, ya que en su criterio:

> ...los derechos tienen una doble fuente normativa: la constitucional y la internacional. Pero de la misma manera, su protección e interpretación se complementa, conforme a principios como el de progresividad, con esa misma doble fuente judicial: constitucional e internacional[101].

Resalta que la relación entre el derecho constitucional y el derecho internacional de derecho humanos se dan en un plano de "convergencia e interacción", como un proceso que conduce a la "internacionalización del derecho constitucional", donde los tribunales en el orden interno se nutren de las interpretaciones finales que hacen los órganos internacionales especializados en derechos humanos[102].

En esa misma dirección apunta Cançado, destaca esa necesidad de "interacción" entre el derecho interno y el internacional de los derechos humanos, no pudiendo invocar la "sobe-

---

[101] Ayala Corao, Carlos; *Del diálogo (...)*, *op cit*, p. 18.

[102] Ayala Corao, Carlos; "La mundialización de los derechos humanos"; en: *La mundialización del Derecho*; Academia de Ciencias Políticas y Sociales, Seria Foros N° 3; Caracas, 2009; pp. 105-106.

ranía estadal" para excusarse en la aplicación de este último[103]. Pero, Cançado agrega un argumento que sitúa la discusión en el plano correcto, al recordar que el centro de atención del derecho internacional de los derechos humanos en el débil, el ciudadano frente al poder del Estado, a quien hay que proteger de forma inmediata, por lo que es una relación entre desiguales, que obliga a utilizar métodos de interpretación específicos que permitan guiarse por los valores comunes que los inspiran, en suma, con "carácter innovador en relación con los dogmas del pasado, como el de la competencia nacional exclusiva o dominio reservado del Estado"[104].

Ya hemos visto la utopía de pensar en un derecho constitucional universal, por las asimetrías entre sistemas jurídicos como los de origen occidental, los musulmanes o los de tendencia dictatorial, populistas, comunistas o nacionalistas. Sin embargo, hay cierto consenso en temas medulares de derechos humanos, desde la suscripción de la Carta de las Naciones Unidas y reforzado por los acuerdos regionales como el americano, el europeo o el africano. Dentro de esos temas en los que existen ciertos rasgos de coincidencia, por involucrar varios países con sistemas jurídicos distintos, están los de inmigración, asilo, pena de muerte, tortura, refugio, tráfico de drogas, corrupción, trata de personas, asistencia médica en desastres, entre otros.

La influencia del derecho internacional de los derechos humanos es notable en el ámbito de la hermenéutica jurídica, impactando de manera directa la forma como se venían resolviendo los casos internos, generalmente guiados por su Constitución y las interpretaciones del Tribunal Constitucional, al incorporar estándares mínimos fijados en los acuerdos internacionales y por la jurisprudencia dada por los órganos competentes de ese sistema al que pertenezcan[105].

---

103 Cançado Trindade; Antônio A.; *El derecho internacional de los derechos humanos en el Siglo XXI*; Editorial Jurídica de Chile; Segunda Edición; 2006; p. 281.

104 Cançado Trindade; Antônio A.; *op cit*; p. 51.

105 Dueñas Ruiz, Óscar José; *Lecciones de hermenéutica jurídica*; Séptima Edición; Editorial Universidad del Rosario; Bogotá; 2015; pp. 162-164.

En el tema del diálogo judicial son cada vez más los casos donde se aprecia esa "interacción" entre el derecho internacional de los derechos humanos y el derecho interno, como un mecanismo de recepción o simplemente uso de las interpretaciones que hagan los organismos foráneos, para buscar la adaptación del derecho interno, que los permita mantener una comunicación con otros países y sistemas que usan un lenguaje común.

Citando la sentencia N° C-073 de 1993, dictada por la Corte Constitucional colombiana, afirma que de conformidad con el artículo 93 de la Constitución de ese país: "La norma constitucional declara sin rodeos que los derechos y los deberes consagrados en el Estatuto Fundamental se interpretarán de conformidad con los tratados internacionales sobre derechos humanos ratificados por Colombia".

CAPÍTULO IV: APROXIMACIÓN TERMINOLÓGICA DEL DIÁLOGO JURISPRUDENCIAL

I. DEFINICIÓN

El diálogo jurisprudencial es una noción relativamente reciente, compleja y polémica, ligada a varios factores que hace que deba ser abordado desde distintas aristas, algunas ajenas al derecho otras no, pero todas definitivamente conectadas en procura de fines comunes, que faciliten la solución de asuntos análogos y se agilice la comunicación mediante un lenguaje común. Dentro de esos factores encontramos: i) la expansión y masificación del internet como herramienta que facilita la interacción en tiempo real entre personas, sin importar la distancia que las separe, permitiéndoles ubicar en las páginas web de los tribunales nacionales o internacionales los criterios usados en la resolución de los casos seguidos antes éstos, que generalmente son cargados en portales amigables que tienen listas de casos líderes, precedentes vinculantes o índices por materias; ii) los efectos de la globalización que han incidido en la necesaria adopción de términos comunes para identificar los elementos principales en los intercambios comerciales que se producen ante la suscripción de tratados de libre comercio, creación de zonas económicos, doble tributación, leyes antimonopolio, competencia, dumping o prácticas desleales, regulación de la banca, entre otros; iii) la politología que se ha encargado de darle una explicación a la crisis del parlamento, frente a las respuestas que requiere el ciudadano, trasladando esa responsabilidad esencialmente política a los jueces, que requieren de ese diálogo, propio de la necesidad de convencer al ciudadano y buscar consensos para solucionar esos grandes asuntos; iv) la influencia de la filosofía contemporánea en la búsqueda de respuestas ante los fenómenos del cosmopolitismo o la postmodernidad, basada en ideas de Kant y los retos de las diferencias entre sociedades tan disimiles como la occidental y la oriental, así como la filosofía del derecho, que ha fomentado el estudio de la argumentación de las sentencias y la interpretación constitucional, como fenómenos que explicarían esa circulación de ideas entre tribunales de distintos niveles y ámbitos territoriales; v) la universalización y protección de los derechos humanos ha incidido directamente en la necesidad de su estudio sistemático, intensificado desde principios de los años 90 del siglo pasado, principalmente motivado por las sentencias dictadas en el plano interamericano por la Corte IDH en materia de control de convencionalidad, proporcionalidad y recepción de esas decisiones, en las sentencias dictadas por el TEDH y la CEDH, por el uso que se le da a las mismas en el derecho interno. Ello no quiere decir en modo alguno que se niegue la importancia que tuvo la suscripción de la carta de la ONU en 1948, la creación de sistemas regionales de derechos humanos en América, Europa o África, CADH o incluso la creación de las altas cortes en esos sistemas; vi) la creación de tribunales, cortes o salas constitucionales como tribunales especializados en el control constitucional, como últimos y máximos intérpretes de la Constitución y las tensiones e intercambios generados entre las decisiones vinculantes en el plano interno en los casos de mayor relevancia para la sociedad como eutanasia, uniones entre parejas de distinto sexo, bioética, libertad de expresión, inmigración, entre otros, frente a las interpretaciones que de las convenciones sobre derechos humanos haces las altas cortes internacionales o de otros tribunales, cortes o salas constitucionales de otros países con sistemas de control constitucional de orígenes y características distintas como los concentrados, difusos o mixtos; vii) el esfuerzo de las distintas ramas del derecho por darle una explicación desde ópticas tan distintas como las del derecho constitucional comparado, que ha trascendido al mero estudio de las constituciones o sistemas constitucionales para darle una explicación mediante un método, al fenómeno de constitucionalización del ordenamiento jurídico, la importación de figuras ajenas a los sistemas receptores para la solución de problemas concretos, la promulgación de recientes Constituciones con un gran catálogo de derechos y su realización; el derecho internacional, ante la importancia de la recepción de las sentencias de los órganos internacionales, frente a principios como el de buena fe y *pacta sunt servanta*, la reformulación de principios como el de soberanía y la suscripción de acuerdos internacionales en distintas materias económicas, sociales, de familia, culturales, ambientales y energéticos.

Esa interdisciplinariedad con que se aborda el tema del diálogo jurisprudencial se traduce en el primer escoyo a sortear para poder entenderlo y lograr unificarlo mediante sus elementos distintivos. Como veremos la noción diálogo jurisprudencial se usa algunas veces como sinónimo de diálogo judicial o comunicación interjudicial, e incluso se suele usar como un anglicismo al referirse a *judicial dialogue*, *judicial exchange*, *interjudicial comunication*, *borrrowing* o *cross fertilization*[106].

Una primera aproximación, podríamos encontrarla en el marco de un coloquio celebrado con ocasión al cincuentenario del Consejo Constitucional Francés, M. Régis de Gouttes, Primer Abogado General de la Corte de Casación, le atribuyó al Presidente de ese consejo Bruno Genevois la "paternidad de la expresión diálogo de jueces", que surgió el 6 de diciembre de 1978, a propósito de las relaciones entre jueces comunitarios y jueces nacionales, de donde derivó la expresión "ni por el gobierno de jueces, ni por la guerra de jueces, más por el diálogo de jueces"[107]. La justificación del diálogo de jueces estaría en: i)

---

106 García Roca, Javier; "El Diálogo entre el Tribunal Europeo de Derechos Humanos y los Tribunales Constitucionales en la construcción de un orden público Europeo"; *Teoría y Realidad Constitucional*, N° 30, 2012, p. 185. Este autor sostiene que es una noción tiene un origen anglosajón, claramente influenciado por un enfoque interdisciplinario, pero resalta la diferencia de aproximación entre la doctrina norteamericana y la europea, fundamentalmente por el rigor metodológico y científico como esta última la aborda.

107 Régis de Gouttes, M.; *Le dialogue des juges*; en: http://www. conseil-constitutionnel.fr/conseil-constitutionnel/root/bank_mm/Colloques/de_goutees_031108.pdf.

multiplicidad de normas aplicables que obligan a un "pluralismo ordenado" y a una "armonización jurisprudencial"; ii) la diversificación de la jurisdicción nacional y europea, entre los cuales deben desenvolverse; iii) la existencia de sujetos comunes y la necesidad de hacer un terreno de entendimiento para evitar conflictos; y iv) evitar jurisprudencia "discordante" o "contradictoria", como garantía de seguridad jurídica para los ciudadanos[108].

El profesor Carbonell, entiende al diálogo jurisprudencial como la "migración jurisprudencial, en referencia a la circulación de las ideas sobre la protección de los derechos fundamentales y la defensa de la constitución", la cual atribuye principalmente por el uso masivo del internet[109].

Para Burgos, el diálogo judicial "es la comunicación entre tribunales derivada de una obligación (....) de tener en cuenta la jurisprudencia de otro tribunal (extranjero o ajeno al propio ordenamiento jurídico) para aplicar el propio Derecho"[110].

En la investigación sobre el uso de la sentencia extranjera por el Tribunal Constitucional de Chile, el profesor Nogueira sostiene que el:

> ...diálogo interjudicial constituye un debate, una conversación o intercambio de puntos de vista entre dos o más jueces o tribunales, sean estos nacionales, o producto de una vinculación del Estado a un ordenamiento jurídico y tribunal internacional o supranacional, un diálogo entre tribunales nacionales, como ocurre entre tribunales ordinarios y tribunal constitucional; entre tribunales nacionales e internacionales

---

108 Además, sostiene que el diálogo del Consejo Constitucional francés puede ser: i) imperativo, por mandato del artículo 62.2 de la Constitución, ii) persuasivo o moral, por el ente del cual emana y, iii) repartida entre las partes involucradas en la jurisdicción de los diferentes órdenes por los dominios específicos.

109 Así la denomina Carbonell, Miguel, "Introducción general al control de convencionalidad"; en: https://archivos.juridicas.unam.mx/www/bjv/libros/7/3271/11.pdf.; p. 89.

110 Bustos Gisbert, Rafael; *op cit*, p. 21.

o supranacionales, como es el caso entre jueces y tribunales nacionales ordinarios o constitucionales con la Corte Interamericana de Derechos Humanos (en adelante CIDH) o en Europa con el Tribunal Europeo de Derechos Humanos, (en adelante TEDH); como asimismo, puede darse como un diálogo entre tribunales internacionales o supranacionales, por ejemplo entre cortes regionales de derechos humanos[111].

El catedrático de derecho constitucional de la Universidad Complutense profesor García Roca, nos enseña que:

> ...la idea de judicial dialogue es una noción bastante imprecisa, está repleta de intuiciones y puede que no sea todavía una verdadera categoría jurídica en vez de una simple noción, y otro tanto ocurre con la de transjudicial communication de la que tiende a diferenciarse como especie[112].

Del Toro entiende al diálogo interjudicial como:

> ...la interrelación entre diferentes tribunales estatales (principalmente los tribunales constitucionales o supremos), así como entre éstos con tribunales internacionales y de estos últimos entre sí, manifiesta tanto en las influencias recíprocas reflejadas explícita o implícitamente en su respectiva jurisprudencia como en diferentes reuniones, congresos o seminarios internacionales donde se intercambian experiencias y se reafirman valores comunes; o en el ámbito de las organizaciones formadas por magistrados en las que se establecen vínculos de colaboración o se adoptan resoluciones, declaraciones, pautas, o directrices[113].

Recientemente, Acosta Alvarado presentó un libro que es el resultado de su tesis doctoral obtenida en la Universidad Complutense, en España, en el que prefiere denominarlo "comunicación interjudicial", lo que para ella significa "un fenómeno que responde a la creciente interdependencia entre ordenamientos jurídicos y a la necesidad de asegurar su convi-

---

[111] Nogueira, Humberto; *Control de convencionalidad, diálogo interjurisdiccional y jurisprudencia del Tribunal Constitucional en periodo 2006 - 2011*; consultado en original enviado por el autor.

[112] García Roca, Javier; *El Diálogo (...)*; *op cit*, p. 190.

[113] Del Toro Huerta, Mauricio; *op cit*; p. 535.

vencia, así como a la tarea de buscar respuestas comunes a problemas comunes"[114]. Para Acosta, una de las consecuencias del diálogo judicial ha sido la construcción de una "red judicial latinoamericana", en el que no sólo interviene la Corte IDH, sino que todos los jueces nacionales actúan como "agentes del derecho internacional", en la que esos órganos decisores "se pronuncian sobre la compatibilidad de las normas nacionales con las normas internacionales, establecen parámetros para la interpretación conforme a la convención y proteger a los individuos". Destaca además, que la relación entre la Corte IDH y los jueces nacionales es en términos heterárquicos y no jerárquicos, toda vez que "a la hora de decidir cuál de las interpretaciones ha de prevalecer, debe tenerse en cuenta, por encima de todo, la necesidad de asegurar la mayor y mejor protección posible a los individuos"[115].

Haideer Miranda Bonilla, presentó su tesis doctoral en la Universidad de Pisa y ha venido trabajando sobre el tema del impacto del diálogo judicial entre el Tribunal Europeo de Derechos Humanos y la Corte Interamericana de Derechos Humanos, con especial referencia al control de convencionalidad[116].

---

[114] Acosta Alvarado, Paula Andrea; *Diálogo judicial y constitucionalismo multinivel. El caso interamericano*; Universidad Externado; Colombia; 2015; pp. 96-97. Entiende el diálogo judicial como "un tipo particular de comunicación transjudicial que explica la existencia de un marco normativo común y de objetivos comunes y el pleno conocimiento de los interlocutores de que la comunicación resulta indispensable e incluso mandatoria".

[115] Acosta Alvarado, Paula Andrea; *op cit*; p. 293.

[116] Miranda Bonilla, Haideer; *Diálogo Judicial Interamericano*; Ediciones Nueva Jurídica; Bogotá; 2016. También puede citarse del mencionado autor su trabajo de "*La tutela multinivel de los derechos fundamentales y el diálogo entre Cortes en América Latina*", en Boris Barrios González y Luris Barrios Chavés (coords) *El Constitucionalismo de los Derechos*. Ed. Boris & Barrios, Panamá; 2014 y otro trabajo titulado "*El dialogo entre cortes en el espacio convencional en Europa: algunas cuestiones actuales*". En http://acdpc.co/images/ACON GRESO /lectura5.pdf. Miranda Bonilla, Haideer; "*El control de convencionalidad como instru-*

Dentro de los autores nacionales encontramos el trabajo del profesor Carlos Ayala Corao, que resume su discurso de incorporación como miembro de la Academia de Ciencias Políticas y Sociales en Venezuela. Para Ayala el diálogo jurisprudencial:

> ...es un fenómeno contemporáneo, aún poco estudiado, que consiste en la interacción jurisprudencial entre tribunales de distintas jurisdicciones, con el resultado de un enriquecimiento mutuo en la construcción de soluciones equivalentes acordes a los principios universales de derecho democrático[117].

Estos autores citados abordan el tema del diálogo judicial desde la perspectiva de los derechos humanos, básicamente por el impacto que han tenido el control de convencionalidad en Latinoamérica y los tribunales de derechos humanos en Europa, en las decisiones de las altas cortes de justicia nacionales. Sin embargo, consideramos que esos trabajos que pretenden un diálogo multinivel son insuficientes para demostrar el objetivo que nos hemos trazado, que es más ambicioso, en el sentido de que nosotros pretendemos analizar el impacto que ha tenido la circulación de ideas producto de la recepción, cumplimiento y uso de la jurisprudencia por parte de nuestra Sala Constitucional del Tribunal Supremo de Justicia, lo cual, equivale a tocar el aspecto del control de convencionalidad, pero además, incorporar temas de argumentación jurídica y de eficacia de las sentencias internacionales.

Otra forma de abordar el tema del diálogo jurisdiccional es como deliberación, diferenciándolo de una simple conversación, en la que se advierte que su aspiración final es la codificación, como resultado de un proceso deliberativo que va más

---

mento de diálogo jurisprudencial en América Latina", *Revista Jurídica IUS Doctrina*. Universidad de Costa Rica; N° 12; 2015.

117 Ayala Corao, Carlos; *Del diálogo (....)*; *op cit*; p. 7.

allá del impacto que produce en la solución de un caso concreto[118].

El tema del diálogo judicial es polémico, tanto como lo es el de la recepción de las sentencias internacionales por el juez nacional, destacando casos en los cuales ese diálogo se ve impedido por chocar con la legislación interna, como sucede en el caso de los Estados Unidos de Norteamérica, donde los derechos constitucionales están "atados al contexto específico de la Constitución", por ejemplo en los casos de pena de muerte o libertad de expresión. Sobre este aspecto, Tushnet, afirma que a pesar del desarrollo del derecho internacional de los derechos humanos, asumido por muchas cortes como argumento para la declaratorias de inconstitucionalidad por violatorias de normas (internas) por violación de normas internacionales, "la Corte Suprema de los Estados Unidos se mantiene casi sola resistiendo la tendencia de tomar tales normas como relevantes para interpretar la Constitución doméstica"[119].

Suele citarse como uno de los casos más emblemáticos que ha conocido la Corte Suprema de Justicia de los estados unidos de Norteamérica es el conocido como Lawrence vs Texas (123 ct 2472), en el que se ventilo el derecho de una pareja de homosexuales de mantener relaciones consentidas, bajo una óptica de respeto de la "opinión de la humanidad", enfatizando la Corte que "El derecho que los peticionarios buscan en este caso ha sido aceptado como parte integral de la libertad humana en muchos otros países", en específico citó la sentencia de 1981, dictada en el caso: *Dudgeon vs. United Kindom*, por la Corte Europea de Derechos Humanos[120].

---

118 Bustos Gisbert, Rafael; *op cit*, p. 37. Afirma que "el diálogo no es una mera conversación, sino un proceso deliberativo que se da en cinco momentos o fases: estabilidad; desafío; diálogo en sentido estricto (incertidumbre, diálogo interno y diálogo interno-externo); síntesis y codificación".

119 Tushnet, Mark; *op cit*; p. 103.

120 Bader Ginsburg, Ruth; "Looking beyond our borders: The value of a comparative perspective in constitutional adjudication"; en *It is a cons-*

Ciertamente, que son escasas las veces en que la Corte Suprema de los Estados Unidos ha citado legislación extranjera para resolver sus propios asuntos. Destacan entre ellas el caso *Trop v Dulles* (356 US86 de 1958), mediante la cual se interpretó la enmienda 8, sobre castigos crueles debía hacerse "a la luz de estándares de decencia", precisando cuáles eran los estándares los cortes podrían mirar a la práctica fuera de los estados unidos. Tushnet destaca que desde los años 90 del siglo pasado, los jueces han comenzado a hacer referencias a leyes extranjeras, sobre todo en notas de pies en las que han cuestionado la pena de muerte de personas retardadas, como sucedió en el caso *Atkins vs Virginia* (586 US 304,316 n 21 de 2002) o la pena de muerte de menores de edad caso *Roper vs Simmons* (125 s ct 1183 de 2005) haciendo alusión a que los usa es el único país que la contiene[121].

Es importante mencionar los pocos casos en los que la Corte Suprema de los Estados Unidos ha resuelto un asunto interno, acudiendo al derecho o jurisprudencia extranjera, ya que la doctrina de ese país es una de las que se ha ocupado más del tema, lo que resulta paradójico, pues a menor uso del diálogo jurisdiccional hay mayor reacción por los académicos que abogan por vencer ese aislamiento.

En otros casos, la recepción y el uso de jurisprudencia dictada por tribunales extranjeros por parte de las altas cortes nacionales, es más fluido, pues obedece al cumplimiento de acuerdos internacionales en materia de derechos humanos,

---

titution we are expounding; *American Constitution Society for law and policy*; Washington; 2009; pp. 198-201. Sostiene que la Corte Suprema de los Estados Unidos ha mencionado la Declaración Universal de los Derechos Humanos en sólo 6 casos, 2 de ellos con mayoría. Además, propone que se produzca la comunicación judicial en dos situaciones: en el "dinamismo con que interpretamos nuestra Constitución, y similar, a nuestra ley común. La otra implica la aportación extraterritorial de derechos fundamentales".

121 Tushnet, Mark; "The United States: Eclepticism in the service of Pragmatism"; en: *Interpreting constitutitions*; Oxford Univerity Press; New York, USA; 2006; p. 46.

mediante la recepción de las interpretaciones que de las convenciones hacen las altas cortes internacionales, a previsiones expresas en el propio ordenamiento jurídico interno que remite al ordenamiento jurídico internacional para la solución de los problemas internos o simplemente a signos de apertura de los jueces al comprender la importancia de interactuar con sus pares, superando los atavismos nacionalistas atentatorios contra los signos de la modernidad, que ha incidido en relajar principios que parecían inalterables, como es el de soberanía[122].

El diálogo judicial puede darse de muy variadas formas, algunas fácil de reconocer otras no, pero que en resumen: i) Es fácil de ubicar "donde se produce una referencia cruzada expresa", ii) En otros supuestos no es tan fácil reconocerlo, pues no se cita la "fuente de procedencia" usada para solucionar el caso, iii) a veces se usa la cita de jurisprudencia extranjera para llegar a una solución de un asunto interno abandonando la posición foránea y, iv) se produce con la "migración de ideas constitucionales" entre Estado y órganos supra estatales.[123]

---

122 Sobre este tema, resulta pertinente el estudio que realizó Hernández-Breton, Eugenio; "Uso inapropiado de la doctrina extranjera y desconocimiento del derecho internacional (público y privado): apuntes para un estudio de la derogación convencional de la jurisdicción (art. 2 CPC venezolano)"; *Revista de la Fundación de la Procuraduría General de la República* N° 8; Caracas; 1993; pp. 47-67, en el que critica la posición adoptada por la Sala de Casación Civil de la Corte Suprema de Justicia venezolana, en su sentencia del 4 de octubre de 2010, en la que conociendo sobre una denuncia por falta de aplicación del Código Bustamante, conjuntamente con la violación del artículo 8 del Código de Procedimiento Civil derogado, al afirmar erróneamente que "el derecho extranjero es un hecho susceptible a prueba", desconociendo la opinión de acreditados profesores y de la jurisprudencia hasta ese entonces, que defendía que el derecho extranjero debía tener el mismo tratamiento del derecho nacional. Supone además, un esfuerzo para el juez de "seleccionar, dentro de una gama de posibilidades presentadas, la ley aplicable al punto en concreto y relevante a la elección, y como presupuesto para le decisión, conocer e interpretar el contenido del derecho extranjero encontrado aplicable".

123 Bustos Gisbert, Rafael; *op cit*; p. 19.

Unas veces, el diálogo judicial es promovido por la propia legislación interna, como nos enseña, Zagrebelzky al utilizar el ejemplo del artículo 39 de la Constitución de Sudáfrica, sostiene que:

> ...en la actualidad, este intercambio de experiencias entre ordenamientos ha sido focalizado como problema de derecho constitucional general, en la forma de controversia acerca de la utilización y la cita por parte de las Cortes de materiales normativos y jurisprudencia exteriores.

Refiere este autor que:

> La importancia de las jurisprudencias nacionales, extranjeras o supranacionales no presupone en lo absoluto la degradación de las Constituciones Nacionales. Se habla no de un caballo de Troya para afirmar una dictadura universalista de los derechos, más bien de un instrumento para entender nuestras propias constituciones nacionales, dándoles un sentido a través del contexto de fondo, en el que puedan asumir una significación precisa[124].

Lo cierto es el notable incremento de la comunicación entre los jueces nacionales y los internacionales por lo que algunos han comenzado a utilizar el término "comunicación transjudicial", producto de un nuevo orden mundial en el que se produce una "comunicación global de cortes" que busca una "jurisprudencia global", la cual no deja de ser controversial. Ante la pregunta de ¿por qué los jueces internacionales y cortes citan referencias externas?, responde que son preponderantemente usadas como una anécdota referencia de una comunicación transjudicial, pero que no "son necesariamente decisivas en el juzgamiento". Ese fenómeno pudiera tener tres funciones: a) ayudar a informar sobre la interpretación de reglas paralelas, b) puede deshacerse de situaciones empíricas

---

124 Zagrebelzky, Gustavo; *op. cit.*

legales, y c) puede ser usada para ilustrar como puede ser aplicado un estándar[125].

El maestro Fix-Zamudio nos enseña la importancia que ha tenido el diálogo judicial para la aplicación de criterios de la Corte Interamericana de Derechos Humanos, la Comisión Interamericana de Derechos Humanos y otros organismos internacionales, en los derechos internos, auspiciado por intercambios académicos, publicaciones periódicas, apoyo de la doctrina y diversos fallos de distintos tribunales internos especializados que invocan fallos de la CIDH y de la Corte IDH para solucionar problemas internos[126].

Jacobs comienza por resaltar que entre los sistemas de la Unión Europea y los Estados Unidos existen "grandes similitudes pero también grandes diferencias". Una de las principales diferencias la encuentra en la aplicación del principio de primacía de la normativa comunitaria, en el sentido de que sus Estados miembros no pueden ir contra ésta. En ese punto, nos enseña que es donde se produce un diálogo judicial para "delinear el principio y asegurar su reconocimiento"[127]. Haciendo referencia a los temas en los que se produce frecuentemente el diálogo judicial estarían en el principio de proporcionalidad de la actuación de los órganos del poder público, el principio de certeza jurídica y el principio del debido proceso, que, a su

---

125 Voeten, Erik; "Borrowing and Nonborrowing among International Courts"; The University of Chicago; en *The Journal of Legal Studies*; Vol. 39; N° 2; 2010; p. 550.

126 Fix-Zamudio, Héctor; "Relaciones entre la Corte Interamericana de Derechos Humanos y los tribunales constitucionales nacionales"; en *I Congreso Internacional sobre Justicia Constitucional*; UNAM, México; 2009; pp. 674-675.

127 Jacobs, Francis; *Judicial Dialogue and the Cross-Fertilization of Legal Systems: The European Court of Justice*; pp. 547-548; en: http://www.tilj.org/content/journal/38/num3/Jacobs547.pdf. La traducción en responsabilidad del autor. En su criterio el diálogo judicial en el TEDH es mayor porque no actúa como una corte de apelaciones, como si puede suceder en algunas cortes nacionales, aludiendo claro está a la Corte Suprema de los Estados Unidos.

juicio, "son incorporados en la legislación europea bajo la influencia de los sistemas legislativos nacionales"[128].

En efecto, es frecuente que el Tribunal Europeo de Derechos Humanos cite jurisprudencia de Tribunal de la Comunidad Europea y viceversa, que las cortes de derechos humanos de África y América citen sentencias de sus pares europeos, en ella se puede producir el fenómeno que describe como el *cross-fertilizacion*[129] o entre los cortes internacionales y los tribunales nacionales, el cual es más frecuente, incluso no necesariamente ese Estadio tiene que ser parte del tratado sobre derechos humanos y haber ratificado su sometimiento a la jurisdicción de esa corte internacional, produciendo lo que denomina como el préstamo constitucional o *borrowing*.

Incluso en sistemas como el inglés se ha requerido un diálogo entre los jueces nacionales y los tribunales europeos de derechos humanos, por la incidencia de la Human Right Act de 1998[130], en referencia a que las reglas que se adopten en un juicio deben ser previamente sujetas al Tribunal Europeo de Derechos Humanos (art. 2.2) y que la Corte puede declarar una incompatibilidad con la convención. Esa discusión puede que conduzca a un diálogo interrumpido por el hecho de que recientemente el Reino Unido votó en referéndum por su separación con la Comunidad Económica Europea en el conocido Brexit de 2016.

Goldsworthy, relatando el sistema australiano de aceptación del derecho comparado y las leyes internacionales, sos-

---

128 Jacobs, Francis; *op cit*; p. 549.

129 Para ampliar sobre la expresión véase Sands, Philippe; *Treaty, Custom and the Cross-fertilization of International Law*, Yale Human Rights and Development Journal; Vol. 1; 1998; en: http://digitalcommons.law.yale.edu/yhrdlj/vol1/iss1/4.

130 El Human Right Act de 1998, de 9 de noviembre de 1998, Capítulo 42, en su artículo 2 prevé: "La corte o tribunal determinarán la cuestión que estén decidiendo en conexión con la Convención de Derechos y deberá tener en cuenta todo: a) Juicio, decisión, declaración u opinión consultiva de la Corte Europea de Derechos Humanos".

tiene que desde 1900 hasta 1980 era un sistema "envuelto dentro de una auto referencia de su propia jurisprudencia" pero luego esa situación ha dado un giro como consecuencia del sistema federal implementado, siendo los casos más citados los de los Estados Unidos de Norteamérica, los Británicos, Canadienses, Sud Africanos, Neo Zelandeses e Indios, lo que atribuye al efecto de la globalización, al internet y a la comparecencia de los jueces a las conferencias internacionales. Como ejemplo resalta la doctrina que señala que "cuando la Constitución es ambigua, la Corte puede adoptar cualquier interpretación conforme con los principios de las leyes internacionales"[131].

Pero, la recepción de sentencias internacionales por las altas cortes nacionales no ha sido del todo pacífica, produciendo lo que algunos llaman ruptura del diálogo, pero que en nuestro criterio es un claro incumplimiento de las obligaciones internacionales, pudiendo citar entre ellos, algunos casos en lo que la aplicación de la sentencia es negada bajo argumentos de margen de apreciación, otras simplemente declaradas inejecutables por incompatibilidad con el derecho interno, otras por ampararse en la cosa juzgada de la sentencia objeto de la inconvencionalidad declarada. Ya tendremos oportunidad de dedicarle en el presente trabajo, espacio a las declaratorias de inejecutabilidad por parte de la SC-TSJ de tres sentencias de la Corte IDH.

En ese orden de ideas, resulta pertinente citar una reciente sentencia dictada el 14 de febrero de 2017, por la Corte Suprema de la Nación Argentina en el caso *Fontenevecchia y D'amico* vs. Argentina, en la que se niega la posibilidad de dejar sin efectos su propia sentencia, bajo el argumento de que está revestida en autoridad de cosa juzgada, incumpliendo la orden de la Corte IDH que había condenado previamente al Estado y declarado su inconvencionalidad.

---

131 Goldsworthy, Jeffrey, "Australia: devotion to legalism", en *Interpreting constitutitions*, Oxford University Press; New York; USA; 2006; p. 135. Hace referencia específicamente al caso newcrest Mining (WA) Ltd vs Commoneealth (1997) HCA 38.

En otro caso que es importante traer a colación es el dictado por la Corte Suprema de los Estados Unidos de Norteamérica el 31 de marzo de 2004, en el caso *México vs. United States of America*, conocido como caso Avena, en el que mediante un *certiorary*, se declaró inejecutable una decisión de la Corte Penal Internacional que condenaba a ese país por el incumplimiento del artículo 36 de la Convención de Viena sobre la asistencia de los consulados en la defensa de sus connacionales, referido a un grupo de ciudadanos mexicanos condenados por la justicia norteamericana.

Por su parte, el Tribunal Constitucional alemán, en reciente sentencia del 5 de mayo de 2020, ordenó no acatar parte de la sentencia del Tribunal de Justicia de la Unión Europea, referida a la compra de bonos soberanos y corporativos, que había sido objeto de previo análisis por el Banco Central Europeo.

Uno de los sistemas mayormente estudiado por los comparatistas es el canadiense, que tuvo un cambio significativo a partir de 1982, con la aprobación del *Charter of Rigths*, dando paso a nuevos recursos que develarían la jurisprudencia de la nueva era en la "*judicial review*". Lógicamente que los casos más usados son los de Estados Unidos de Norteamérica, dada la cercanía geográfica, principalmente en casos de libertad religiosa y de expresión, derecho a asistencia de abogado, asimismo prohibición de tratos crueles y protección igualitaria. A pesar de la cercanía geográfica, debe tenerse en cuenta otros factores en el caso canadiense, como la importancia de ser bilingüe y la adopción de criterios no sólo de países de habla inglesa con sistemas económicos similares.

Pero en un caso, la Corte de Canadá exhortó (en una suerte de *self restraint*) a "Desconfiar demasiado de dibujar un paralelo entre la constitución nacida a los diferentes países en diferentes edades y en diferentes circunstancias".[132]

Esos diálogos judiciales son pues, cada vez más frecuentes en materia de derechos humanos, dado su carácter universal e incluso ha conducido a que "las altas cortes se han encargado por aplicar las circunstancias en las cuales son apropiadas las referencias de la legislación foránea"[133].

Al respecto, es muy útil la distinción realizada por el constitucionalista italiano de Vergottini entre "influencia" e "interacción". La primera es simplemente unidireccional, por su parte, la segunda implica una "plausible reciprocidad" que conlleva a una "*cross fertilization*". De aquí que solo si estamos en presencia de interacción, parece sensato recurrir al tema de diálogo. Con base en ello, es indispensable la existencia como mínimo de dos actores que interactúen[134].

Ya en el plano interamericano, el autor Garzón Buenaventura sostiene que la circulación judicial sería "un diálogo entre jueces internacionales y jueces nacionales en la materialización de la interpretación de las normas internacionales, a lo nacional y hasta su efecto nacional-nacional". El fenómeno de la circulación estaría vinculado al Control de Convencionalidad, generado por un "protagonismo del precedente internacional en materia de responsabilidad del Estado" y "generar efectos y ámbitos dinámicos en pro de un dialogo ius comune".[135]

---

132 Hogg, Peter W.; "Canada: Privy Council to Supreme Court"; en *Interpreting constitutitions*, Oxford University Press; New York; USA; 2006; p. 81. Caso Rv Keegtra (1990), 3 SCR 697, 740.

133 Jacobs, Francis; *op cit*; p. 554.

134 De Vergottini, Giuseppe; *Más allá del diálogo entre tribunales*; Civitas; 2010; p. 43.

135 Garzón Buenaventura, Edgar Fabian; "Circulación Judicial, Trasplantes Jurídicos (Control de Convencionalidad)"; en *La Administración de Justicia en el Estado Constitucional*; Librería y Editorial Barrios & Barrios; Panamá; 2015; pp. 256-257. Incluso afirma que el "derecho internacional de los derechos humanos exporta su idea de trasplante jurídico con el control de convencionalidad".

Ello nos conecta con otro tema controversial y es el control de convencionalidad "como una herramienta idónea para el ejercicio del diálogo interjudicial"[136].

Hay algunos autores que han tocado el tema del control de convencionalidad de una manera didáctica y que demos decidido traerlos a la investigación, como son el profesor argentino Alejandro Amaya[137] y el mexicano Miguel Carbonell[138]. Ese tema es importante tenerlo claro, para evidenciar sí en Venezuela se puede hablar de control de convencionalidad o por el contrario no se acogen las interpretaciones que la Corte IDH hace de la CADH.

II. ELEMENTOS DEL DIÁLOGO JURISPRUDENCIAL

Ya hemos dicho la dificultad que existe en buscar elementos comunes que definan al diálogo jurisprudencial, producto de la multiplicidad de maneras con las que es abordado.

A pesar de ello, hay un esfuerzo doctrinal para tratar de entender que es el diálogo judicial, estableciéndose los elementos que lo caracterizarían, como son: la existencia de un escenario de pluralismo constitucional; el carácter obligatorio y necesario (no simplemente facultativo); las elaboraciones y construcciones ajenas, por otros tribunales; la aplicación de un derecho propio; la consideración en sentido de que el diálogo no se puede resolver ni limitar al simple predominio de una jurisdicción sobre otra, en todo caso reconocer que no existe una instancia final de solución de controversias, sino tantas como ordenamientos constitucionales existan[139].

---

136 Acosta Alvarado, Paula Andrea; *op cit*; p. 71.

137 Amaya, Jorge Alejandro; "*El diálogo inter-jurisdiccional entre tribunales extranjeros e internos como nueva construcción de las decisiones judiciales*"; en http://acdpc.co/images/ACONGRESO/lectura4.pdf

138 Carbonell, Miguel; *Introducción general al control de convencionalidad*; Editorial Porrúa, México D.F; 2013. En http://www.miguelcarbonell.com/artman/uploads/1/introducci__n_general_al_control_de_convencionalidad.pdf

139 Ortiz Torricos, Marcela Rita; *op cit*; pp. 271-272

Nosotros creemos que los elementos antes descritos son insuficientes, que no incorrectos, ya que responden a una realidad focalizada en el diálogo jurisprudencial latinoamericano por influencia de las decisiones de los órganos especializados en protección de derechos humanos, previstos en la CADH.

En tal sentido proponemos los siguientes elementos del diálogo jurisprudencial:

Pluralismo: Es una consecuencia lógica por la propia dinámica de una comunicación donde deben intervenir al menos 2 actores en la ecuación, que puede ser "bi o multidimensional"[140]. También es una consecuencia del pluralismo constitucional, en el que deben respetarse las ideas en la diversidad y buscar los consensos necesarios para solucionar los grandes asuntos. Ese pluralismo:

> ...busca de una integración dentro de la diversidad, permitiéndose que jurisdicciones constitucionales estatales dialoguen con las jurisdicciones convencionales internacionales e incorporen en su perspectiva estatal una análoga interpretación constitucional y convencional de los derechos, lo que está contribuyendo a crear un orden público europeo y americano, sustentado en un entendimiento común del lenguaje de los derechos que también es común, estando frente a una globalización de los derechos humanos, que implica una convergencia, homogeneización y uniformidad, pero que tampoco puede ignorar la variedad que existe en las distintas formas estatales que hay que respetar, siempre que no se alteren los derechos y garantías establecidos en instrumentos constitucionales y convencionales[141].

Voluntariedad: Entendemos que el diálogo jurisprudencial no es obligatorio, ni impuesto, ni subsidiario, por el contrario es producto de acuerdos o desacuerdos en determinados te-

---

140 Nogueira, Humberto; *Control de convencionalidad, diálogo interjurisdiccional y jurisprudencia del Tribunal Constitucional en periodo 2006 – 2011*; consultado en original enviado por el autor.

141 Ortiz Torricos, Marcela Rita; *op cit*; p. 272.

mas que se resuelven mediante la migración de criterios para la búsqueda de soluciones comunes. Reconocemos que el diálogo jurisprudencial entre altas cortes internacionales de derechos humanos y tribunales nacionales puede ser obligatorio (convencional), por ser el cumplimiento una obligación pactada en un acuerdo internacional[142], pero, hasta en ese caso, hay un margen de apreciación para el cumplimiento de tales decisiones, que pueden ser incluso condenatorias contra ese Estado. Entendemos que cuando se impone un criterio interpretativo de una alta corte internacional sobre el convenio que la sustenta, se debe cumplir y en caso de objeciones, comienza un proceso de seguimiento que puede conducir a un diálogo positivo en caso de que se soluciones o negativo en caso contrario.

Reciprocidad: La influencia del diálogo jurisprudencial, menor o mayor, reconocida expresamente o no, se produce luego de ese intercambio entre al menos dos tribunales distintos. Si únicamente uno de los tribunales se limita a recibir criterios de otro tribunal, sin que exista impacto alguno sobre aquel, no puede hablarse de diálogo sino de monólogo. Otro aspecto a ser tomado en cuenta es la facilidad con la que se puede confundir el monólogo con el falso diálogo, en el sentido de que en el primero no hay ningún tipo de circulación o respuesta de alguno de los tribunales involucrados, pero en el falso diálogo, existe el intercambio de ideas, pero el tribunal receptor a pesar de negarlo sufre el impacto de esa migración. En este punto debemos resaltar la diferencia entre "influencia" e "interacción" que hace el maestro De Vergottini, antes citada. Pero además, la reciprocidad está vinculada con los sujetos

---

142 Incluso hay autores como Burgos Gisbert, Rafael, *op cit*, pp. 29-32, que proponen una clasificación que toma en cuenta esa vinculación entre el órgano receptor de las interpretaciones de los órganos especializados en materia de derechos humano, por efecto del cumplimiento de las obligaciones asumidas en pactos internacionales, tipificando al diálogo como "regulado, organizado, previsto" por oposición al "espontáneo, libre", por supuesto dentro de una categoría mayor denominada "diálogo convencional".

intervinientes, ya que sólo se da cuando ambos sean interlocutores válidos[143].

Produce efectos jurídicos: Si bien es importante la manera como discurre el diálogo, su proceso de formación o los actores involucrados, es reconocido por los efectos jurídicos que produce, los cuales se recogen en una sentencia y que pueden impactar en primer orden a las partes que actuaron en ese proceso, luego a terceras personas ajenas a ese proceso, a otros tribunales e incluso al mismo sistema constitucional. Esto está íntimamente ligado al "efecto útil" del diálogo, que sirve como contención a la arbitrariedad de las decisiones de los tribunales por la correcta argumentación con la cita o usos del derecho extranjero.[144]

III. TIPOS DE DIÁLOGO JURISPRUDENCIAL

Una de las clasificaciones más sencillas y explicitas del diálogo jurisprudencial es la que propone el profesor Miranda[145], que se resume en: i) *Horizontal y vertical*: El horizontal se desarrolla entre órganos de un mismo nivel o jerarquía, por ejemplo entre Altas Cortes Nacionales o entre Altas Cortes Internacionales "y tiene un carácter cooperativo y discrecional". Por su parte el vertical, es aquel entre Cortes nacionales e internacionales o supranacionales; ii) *Directo e indirecto*: En el directo se

---

143 Bustos Gisbert, Rafael; *op cit*, p. 30.

144 Ayala Corao, Carlos; Del diálogo (...), *op cit*, p. 23. Para el profesor Ayala, ese efecto útil quiere decir que sea "pertinente e idóneo, para que guarde coherencia con la argumentación del fallo. Este ejercicio de razonamiento debe llevarse a cabo siempre, no solamente cuando la solución dada por el juez coincida con la jurisprudencia citada, sino igualmente se utilice para llenar vacíos de normas de contorno impreciso. Por lo cual, esta recepción debe permitir una mejor ponderación de la decisión. De esta forma, el diálogo jurisprudencial también opera como un control a la arbitrariedad judicial, cuando so pretexto de pretender legitimarse con fluidas citas comparadas e internacionales, termine arribando a una solución injusta, incoherente, contradictoria, irrazonable o desproporcionada. De allí que la legitimidad de la sentencia se verifica en su razonamiento".

145 Miranda Bonilla, Haideer; *op cit*; pp. 256-258.

da un reconocimiento expreso del receptor. En el indirecto, la influencia es a través de otros tribunales, a veces del mismo rango, no necesariamente siendo el receptor de la decisión de una alta corte, es decir, hay una influencia, pero no recepción; y, iii) *Silencioso o monólogo*: El silencioso es "cuando se incorpora un criterio jurisprudencial de otra jurisdicción pero no se cita expresamente la sentencia extranjera". El monólogo se da cuando no origina respuesta por sus pares o inferiores.

Uno de los trabajos pioneros en materia de diálogo judicial (lo denomina comunicación interjudicial) es el de la profesora de la Universidad de Harvard Anne Marie Slaughter, en el que propone tres formas en que se presenta: a) *Comunicación horizontal*: Esta "ocurre entre los tribunales del mismo estado, ya sean nacionales o supranacionales, a través de fronteras nacionales o regionales"[146]; b) *Comunicación vertical*: tiene lugar entre cortes nacionales y entre cortes internacionales[147], y c) *Comunicación mixta*: Se presenta como una conjunción de las dos anteriores y se presente de diversas formas. La primera forma se da cuando las cortes internacionales sirven de conducto para la comunicación horizontal, por ejemplo en lo que respecta al desarrollo del principio de proporcionalidad. La segunda forma está referida a la presencia de principios legales comunes que son separados y difundidos por los tribunales internacionales[148]. Sostiene la profesora Slaughter que existen además, otros mecanismos para distinguir los tipos de "comunicación interjudicial", vinculados al grado de compromiso entre las cortes participantes en el mismo. El primero de esos mecanismos es el diálogo directo (lo califica de genuino diálogo), que se presenta cuando "es efectivamente iniciado por una de las par-

---

146 Slaughter, Anne Marie; A *typology of transjudicial communication*; University of Richmond Law Review 29; 1994; p. 103. Cita como ejemplo la relación entre el TEDH y la CEDH.

147 Slaughter, Anne Marie; *op cit*; p. 106. Cita como ejemplo la relación entre la Corte Penal Internacional y los tribunales europeos.

148 Slaughter, Anne Marie; *op cit*; pp. 111-112.

tes y respondido por la otra"[149]. El segundo es el monólogo, que se da mayormente en el diálogo horizontal en el que alguna de esas ideas son tomadas prestadas por una de las cortes, de distinto nivel, nacional o internacional, en la que no se da una comunicación continua y consiente, donde la corte originaria no tiene la menor idea y quizás se entere luego de que sea resuelto el caso.[150] Por último, señala al intermedio, en el que la Corte internacional es la que funge de agente para favorecer el diálogo.

Acosta califica al diálogo en formal e informal, siendo el primero de ellos el que se fundamenta en normas constitucionales y regionales que obligan al juez a realizar un ejercicio de armonización y las segundas, las que se producen en un escenario no jurídico, en el que intervienen los jueces, la academia y la sociedad civil en generales, como una necesidad de compartir y de protección[151].

Ortiz cuestiona los esfuerzos que se han realizado del diálogo jurisprudencial, por considerarlo una noción imprecisa y de reciente data. En todo caso, reconoce que la doctrina lo ha clasificado en amplia o flexible frente a la concepción restringida. Además, señala que:

> ...se está frente a un: "diálogo impuesto o regulado" cuanto está siendo instituido por las leyes o los tratados; "diálogo facultativo o espontáneo" cuando un tribunal lo utiliza de manera libre o sin que exista vinculatoriedad; "diálogo convencional o vertical" que se da entre autoridades jurisdiccionales nacionales con la jurisdicción internacional; "diálogo horizontal" que se da entre autoridades jurisdiccionales internacionales entre sí (ejemplo TEDH y Corte IDH) o entre autoridades jurisdiccionales nacionales entre sí; "diálogo directo" cuando es explícito entre tribunales; "diálogo indirecto" cuando es provocado entre tribunales. Son contrarios a los diálogos los "monólogos", que se produce cuando existe

149 Slaughter, Anne Marie; *op cit*; p. 112.
150 Slaughter, Anne Marie; *op cit*; p. 113.
151 Acosta Alvarado, Paula Andrea; *op cit*; p. 97.

una influencia unidireccional, que no entraña la reciprocidad e interacción, sea bilateral o multilateral entre órganos de protección jurisdiccional[152].

El diálogo judicial puede darse de muy variadas formas, algunas fácil de reconocer otras no, pero que en resumen: i) Es fácil de ubicar "donde se produce una referencia cruzada expresa", ii) En otros supuestos no es tan fácil reconocerlo, pues no se cita la "fuente de procedencia" usada para solucionar el caso, iii) a veces se usa la cita de jurisprudencia extranjera para llegar a una solución de un asunto interno abandonando la posición foránea y, iv) se produce con la "migración de ideas constitucionales" entre Estado y órganos supra estatales.[153]

Nosotros creemos que un punto de partida para poder realizar una clasificación del diálogo judicial en Venezuela, parte de entender si es un monólogo, si es interrumpido o si es un falso diálogo, para lo cual debe analizarse el efecto de la denuncia de la CADH sobre la recepción de la jurisprudencia que se imparte en aplicación del mismo, así como la utilización de las sentencias de tribunales extranjeros en la justicia constitucional. Como ejemplo reciente de esa circulación de ideas es la sentencia de la Sala Constitucional del Tribunal Supremo de Justicia N° 264 de 11 de abril de 2016, caso: *Nicolás Maduro Moro*, mediante la cual declaró inconstitucional la Ley de Amnistía y Reconciliación Nacional, citando como argumentos sentencias del Tribunal Supremo de Español (18 de enero de 2001), de la Corte Interamericana de Derechos Humanos (24 de febrero de 2011, caso: *Gelman vs Uruguay*, y en ella citan 4 sentencias más), de la Corte Suprema de Colombia (26 de mayo de 1982), para concluir en que el derecho interno prevalece sobre los pactos, convenciones y decisiones adoptadas por organismos internacionales.

Nosotros proponemos la siguiente clasificación del diálogo jurisprudencial, tomando en cuenta las antes señaladas:

---

152 Ortiz Torricos, Marcela Rita; *op cit*; p. 272.

153 Bustos Gisbert, Rafael; *op cit*; p. 19.

Sincero o falso: En el primero de los mencionados la migración de ideas es fácilmente reconocible, pues los tribunales intervinientes hacen alusión expresa de los criterios que han sido usados. El falso diálogo es que presenta mayores problemas a la hora de ubicarlo, ya que en la migración de ideas se produce pero no se suele citar la fuente original, se cita fuera de contexto o incompleta, pudiendo confundirse fácilmente con problemas de argumentación de las decisiones.

Vertical u horizontal: La primera de las mencionadas se verifica en el orden interno, donde existe una clara organización de los tribunales por su jerarquía, generalmente siendo el de última instancia el Tribunal Constitucional. Esta clasificación presenta un problema derivado de la aceptación de las Altas Cortes de Justicia internacionales como tribunales de alzada de los nacionales, como órganos subsidiarios a la justicia nacional o como simples tribunales cuyas decisiones tienen un impacto moral o meramente político en aquellos Estados que no han aceptado su competencia o no han suscrito los convenios que los sustentan, por lo que no actúan como órganos de cierre. También encuentra el problema del tipo de sistema judicial en el que se desenvuelve, como son los de origen romano-germano o los angloamericanos, ya que en los sistemas donde hay control difuso o mixto se difumina la función de control de constitucionalidad, mientras que en los de control concentrado hay un órgano de cierre claramente definido. En todo caso, la doctrina identifica dentro del diálogo jurisprudencial vertical al producido entre los tribunales nacionales en su distinta jerarquía y entre los tribunales nacionales y los internacionales. Por su parte, el dialogo horizontal se verifica entre las altas cortes nacionales y entre las altas cortes internacionales, pues se ubican en un mismo plano, bien de cierre del ordenamiento jurídico interno o como único órgano del sistema regional o universal al que pertenezcan.

Unidireccional o biridireccional: El primero de los nombrados se le conoce como monólogo y es el más frecuente. Se presenta cuando el tribunal receptor usa criterios de otros tribunales pero no viceversa. En cambio, el segundo de los nombrados supone la "interacción" entre ambos tribunales, sin importar si es mayor o menor el impacto o si hay o no reconocimiento expreso[154]. Incluso podría darse el caso de que sean más de dos los tribunales dialogantes y se produciría una comunicación multidireccional.

Formal o informal: El primero de ellos se expresa y reconoce por los argumentos que contienen la sentencia que resuelva el caso concreto, precedido de un procedimiento previo y legalmente establecido. El segundo es muy frecuente y puede también denominarse interinstitucional, inter orgánico o cooperativo. Este tipo de diálogo se da desde la propia institución, mediante congresos de derecho, cursos de actualización o publicaciones de boletines con las sentencias líderes en temas fundamentales. Puede darse además, con apoyo de otras instituciones, tal es el caso de las mesas de trabajo, la elaboración de proyectos de leyes o códigos, los intercambios de personal para formación y la participación en tareas de Estado o ligadas a compromisos internacionales. Incluso el cooperativo impone un diálogo entre los órganos de cierre constitucional y los otros poderes públicos para evitar o mitigar los frecuentes choques de trenes que caracterizan los países donde estén este tipo de tribunales.

Constructivo, correctivo o conflictivo: Estos tipos de diálogos apuntan al desarrollo de un diálogo plural, donde no necesariamente se dan acuerdos, sino que partiendo del disenso se llegan a soluciones parcialmente concordadas o simplemente

---

[154] García Roca, Javier; *op cit*; p. 219. Para ese autor el diálogo "Puede ser unidireccional cuando deriva de una migración de ideas en un sólo sentido de la marcha: la incorporación de unos estándares, normas o argumentos procedentes de otro ordenamiento; el uso de precedentes de otro tribunal, con una mayor o menos intensidad en su autoridad, es un buen ejemplo 110. Pero también cabe que sea, y es frecuente, una influencia recíproca entre dos o más partes del diálogo, produciendo una situación, más compleja, de recíproco enriquecimiento (cross judicial fertilization). Este segundo sí parece un escenario de verdadero diálogo por su bilateralidad".

el desacuerdo lleva a no adoptar ninguna de las posiciones adoptadas por las partes[155].

IV. DIFERENCIA CON FIGURAS AFINES

Debemos hacer una necesaria distinción entre el préstamo constitucional, los trasplantes legales, el diálogo jurisprudencial, el diálogo entre poderes, la justicia dialógica e incluso con figuras afines como el diálogo judicial o comunicación interjudicial, para evitar abarcar aspectos que nos desviarían de los objetivos trazados.

La doctrina utiliza como sinónimos al diálogo judicial, al diálogo jurisprudencial o a la comunicación interjudicial. A pesar de ello, nosotros hemos optado por referirnos al diálogo jurisprudencial, para circunscribirlo a un aspecto específico como es el del análisis comparativo de la jurisprudencia de la SC-TSJ y su relación con otros tribunales extranjeros, y no adentrarnos en un vasto tema que puede abarcar incluso la comprensión y funcionamiento de sistemas jurídicos completos.

Prácticas dialógicas: En ese orden de ideas, no debe confundirse el "diálogo jurisprudencial" con las "prácticas dialógicas", en los términos aludidos por Gargarella, ya que si bien en ambos casos el diálogo es indispensable para el correcto funcionamiento de la democracia, el primero se limita los sujetos intervinientes a las cortes –y pudiera perfectamente confundirse con la argumentación de las sentencias–; mientras que el segundo, incluye a todos los actores democráticos para lograr soluciones concertadas que provienen de posiciones antagónicas, pero que al adoptarse respetan especialmente a esas mi-

---

155 García Roca, Javier; *op cit*; p. 196. Este autor sostiene que "Bien es verdad que, tras conversar, puede alcanzarse un 'acuerdo' entre los sujetos afectados, o un matizado 'disenso', pendiente de nuevos encuentros, o incluso un flagrante 'desacuerdo', pero, en todo caso, se admite comúnmente entre las partes del sistema que todo diálogo produce al menos un recíproco enriquecimiento de las argumentaciones".

norías, generalmente excluidas[156]. Incluso el propio Gargarella cuestiona que en el diálogo democrático sean los jueces de las altas cortes nacionales los que tengan la última palabra, por las "débiles credenciales democráticas del Poder Judicial"[157].

Es innegable la influencia que produce en la justicia constitucional la multiplicidad de actores que se involucran directa o indirectamente, por ser parte o afectados en las decisiones que allí se adopten[158]. A pesar de ello, no quiere decir que la sentencia se produzca por un mecanismo sustancialmente distinto con el que otros tribunales actúan, por lo que, lejos de la prudencia o la razonabilidad con la que deben actuar los jueces constitucionales para convencer con argumentos sólidos a todos aquellos destinatarios de sus pronunciamientos, no puede considerarse como un resultado dialógico, más allá del impacto que produzca el convencimiento de las partes o incluso factores externos como los medios de comunicación, foros, decisiones políticas, etc.

Deliberación intraorgánica: Tampoco debe confundirse el diálogo jurisprudencial con la deliberación intraorgánica que se produce entre los jueces de un mismo tribunal colegiado, para llegar a la mayoría necesaria de aprobación de una sen-

---

156 Gargarella, Roberto; "El nuevo constitucionalismo dialógico, frente al sistema de los frenos y contrapesos"; en: *Por una justicia dialógica*; Siglo XXI Editores; Buenos Aires; Argentina; 2014; p. 122. Acerca de la necesidad del diálogo nos enseña que: "Por diversas razones la posibilidad de desarrollar prácticas dialógicas ha resultado muy atractiva, aún para personas provenientes de posiciones opuestas. En primer lugar, el lenguaje del diálogo conlleva, de por sí, una connotación emotiva favorable, en la medida en que apela a una civilizada y respetuosa resolución de conflictos en momentos marcados por los antagonismos políticos. Por otro lado, la idea del diálogo democrático ha alcanzado un prestigio significativo en las ciencias sociales, muy en particular a partir del impulso que le han dado las 'teorías comunicativas' de finales del siglo XX".

157 Gargarella, Roberto; *op. cit*; p. 122.

158 Gozaíni, Osvaldo; *op cit*; p. 61.

tencia. En efecto, si bien en ambos se produce un diálogo, las partes integrantes de un mismo órgano colegiado se reputan como una sola que se mide con el acto final. Esas discusiones que conducen a un voto salvado o concurrente son a veces apasionantes y han sido reflejadas en varios estudios especializados, pero sólo trascienden en un conjunto y no aisladas[159]. Algunas veces esos acuerdos son logrados de forma sencilla, otras veces no, particularmente en aquellas cortes conformadas por jueces de diferente línea de pensamientos o formación, como ocurre actualmente en la Corte Suprema de los Estados Unidos con la muerte del juez Antonin Scalia, quien con su pensamiento conservador en materia de interpretación originaria, rompía el empate entre los 8 restantes jueces. No quiero decir con esto que un voto salvado no tenga importancia en el mundo jurídico, por el contrario, demuestra el disenso necesario en un sistema democrático y algunas veces supone el génesis de futuros consensos que la acojan, tal como ocurrió en el caso del control de convencionalidad, que partió de un voto salvado por el juez emérito Sergio García de la Corte IDH, en el caso *Chang vs Guatemala*, de 25 de noviembre de 2003. Lo que sí es una realidad cada vez más evidente es que las sentencias dictadas por un determinado ponente son fácilmente reconocibles por la formación profesional que tuvo durante su carrera e incluso por su formación religiosa, ideológica o social. Así, un juez graduado en una universidad nacional, europea o de los Estados Unidos de Norteamérica generalmente motiva y argumenta de forma diferente sus sentencias.

Préstamo constitucional (Borrowing): El préstamo constitucional es un fenómeno de diseño institucional, que se materializa por importación de sistemas constitucionales que permiten la solución de asuntos estructurales en el país receptor, mediante el trasplante, la adaptación o su desarrollo posterior,

---

[159] Zagrebelsky, Gustavo; *Principios y votos. El Tribunal Constitucional y la política*; Minima Trotta; 2005.

en el que intervienen los Tribunales Constitucionales como apoyo a los órganos políticos decisores por excelencia[160].

Halabi entiende por préstamo constitucional "la consideración de los jueces de las decisiones alcanzadas por los jueces en jurisdicciones extranjeras, en contraste con el préstamo en un contexto más amplio de la redacción constitucional o el diseño institucional".[161]

El préstamo constitucional se diferencia del *cross-fertilization en* que la figura implantada no es utilizada para solucionar un problema concreto, sino que es aún más complejo, ya que excede el simple hecho de utilizar interpretaciones de otras altas cortes internacionales como mecanismo de diálogo de intercambio jurisprudencial, toda vez que se enfoca en remediar asuntos medulares tomando previsiones de otras constituciones, importando sistemas constitucionales o adaptándolos, a través de la interpretación de los tribunales constitucionales, generalmente apoyada por las interpretaciones emanadas de tribunales extranjeros o país de origen del sistema emisor.

Esa importación de modelos no necesariamente implica "fidelidad", en el sentido de reproducirlo completamente, lo que es consecuencia de que el país receptor tiene su propia cultura, historia y sistema jurídico que se resiste a copiarlo a

---

160 Epstein, Lee y Knight, Jack; *Constitutional borrowing and Nonborrowing*; consultado en: http://scholarship.law.duke.edu/cgi/viewcontent.cgi?article=6086&context=faculty_scholarship. Destacan que el significado del préstamo constitucional va más allá del simple diálogo entre tribunales, pues es un fenómeno de diseño institucional, donde puede o no ocurrir esa comunicación o puede aceptarse o no implantarse figuras tomadas de otras Constituciones. Reconocen que los cambios estructurales son producto de negociaciones entre actores políticos relevantes, donde se discuten incorporando su influencia, creencia y preferencia.

161 Halabi, Sam; *Constitutional Borrowing as Jurisprudential and Political Doctrine in Shri DK Basu v. State of West Bengal*; consultado en: http://digitalcommons.law.utulsa.edu/cgi/view content.cgi?article=1255&context=fac_pub.

plenitud y sólo toma lo que le sirve o lo que comprobadamente ha servido[162].

Además, como nos enseña Burgos, "el juicio de la adecuación de la solución dialogada alcanzada entre dos previsiones de naturaleza constitucional aparentemente contradictorias no es el de conformidad sino el de compatibilidad"[163].

Es una forma de diálogo jurisprudencial, que los países de influencia angloamericana lo denominan también préstamo constitucional (*borrowing*), citando como ejemplo el caso del Tribunal Constitucional de Sudáfrica, el cual, aplicando el artículo 39 de la Constitución de 1996[164], ha argumentado sus decisiones con legislación y jurisprudencia extranjera (el ejemplo comúnmente citado es el de la forma como resolvieron el apartheid).

Otro ejemplo es el préstamo constitucional que se hizo en la Europa del Este para la reconstrucción de los Balcanes luego de la caída del muro de Berlín (1989) y de la sangrienta guerra seguida en esa zona, mediante amplias discusiones acerca de la utilización de sistemas constitucionales que iban entre el de Weimar y el de la Quinta República francesa, para incorporarla a un sistema democrático moderno y adecuarlo a los estándares europeos de derechos humanos. Destaca la autora la necesidad de que esos cambios constitucionales para consolidar la democracia no sean impuestos con violencia, sino que deben ser la mayoría de los ciudadanos creen que pueden llegar de acuerdo a procedimientos democráticos, "incluso en casos de crisis severas"[165].

Usualmente se cita como ejemplo del préstamo constitucional a la relación entre la jurisprudencia del Tribunal Constitucional Federal alemán y el Tribunal Constitucional húngaro, a

---

162 De Vergottini, Guiseppe; *Más allá... op cit*; p. 51.

163 Bustos Gisbert, Rafael; *op cit*, p. 39

164 Voeten, Erik; *op cit*; pp. 547-548.

165 Skach, Cindy; *Borrowing constitucional designs*; Princeton University Press; Estados Unidos de Norteamérica; 2005; p. 9.

raíz de la Sentencia 8/1990 de este último, donde interpreta el artículo 54 de su propia Constitución que regula el derecho a la dignidad humana, con criterios del primero de los nombrados[166].

Cross-fertilization[167]: Del Toro entiende por *cross-fertilization* como:

> ...la simple difusión de las ideas de un sistema jurídico a otro (sea nacional o internacional) y de una región a otra, que informa sobre el estado de la cuestión en determinado momento histórico y de la evolución en la interpretación de normas y principios jurídicos.

Resalta además, que aunque carezcan de vínculo jurídico tales comunicaciones, sirven para solucionar problemas concretos, aunque algunas veces su influencia no es reconocida por los jueces y puede confundirse con un monólogo[168].

La profesora norteamericana Slaughter entiende que dentro de las funciones de la "comunicación interjudicial" se encuentra el *cross-fertilization* cuyo propósito:

> ...puede ser proveer inspiración para solucionar un problema legal particular, como el apropiado balance entre libertad individual, de expresión y las necesidades de la comunidad (....) y más ampliamente, pueden favorecer el desarrollo del incipiente sistema jurídico nacional a través de la recepción de todo el cuerpo del derecho extranjero[169].

---

166 De Vergottini, Giuseppe; "El diálogo entre tribunales", en UNED, *Teoría y Realidad Constitucional*, N° 28, 2011, pp. 350-351. Para el profesor De Vergottini, "es una relación claramente unidireccional, ya que las referencias de la jurisprudencia alemana a la húngara no se han producido en ningún supuesto. Por lo tanto, cabe hablar de monólogo del Tribunal húngaro mas no de diálogo; un monólogo fácilmente entendible por el intento de colmar un vacío en la experiencia en materia de garantías".

167 Suele llamársele también cross-fecundation (polinización cruzada).

168 Del Toro Huerta, Mauricio; *op cit*; p. 542.

169 Slaughter, Anne Marie; *op cit*; pp. 117-118.

El profesor García Roca identifica al *cross-fertilization* como el diálogo judicial que produce un enriquecimiento recíproco, e impone "una concurrencia de jurisdicciones complementarias en los conflictos de derechos, presidida por la lógica de la subsidiariedad, y que debe venir orientada por la filosofía de la cooperación"[170].

De Vergottini explica que el *cross-fertilization* implica la participación de varios ordenamientos jurídicos, que luego de resolver asuntos judiciales comunes, se produce "un proceso de absorción imitadora por parte de otros sujetos jurisdiccionales que de esta manera reciben el contenido de la Sentencia o la idea de que la misma es portadora, con un evidente proceso de fecundación"[171].

Para Ayala:

> La confrontación con sus propios antecedentes que debe hacer el tribunal que recibe la jurisprudencia, a través de un proceso de argumentación, es la que va a permitir el verdadero diálogo jurisprudencial (dialogical interpretation). De esta forma, la jurisprudencia recibida produce una verdadera fertilización en la jurisprudencia del tribunal receptor (cross-fertilization)[172].

También puede entenderse el *cross-fertilization* como aquella figura originada en una sentencia de un Tribunal Constitucional, cuando en ejecución del control difuso de convencionalidad desaplica una norma interna y la sustituye por la aplicación de la interpretación que sobre la CADH realizó en alguna de sus sentencias la Corte IDH.

En ambos casos, el *cross-fertilization* implica una modalidad del diálogo jurisprudencial que se utiliza para solucionar un caso concreto, en un momento determinado, mediante la implantación de criterios adoptados por tribunales extranjeros. Se diferencia del préstamo constitucional por cuanto no impo-

---

170 García Roca, Javier; *op cit*; p. 194.

171 De Vergottini, Guiseppe; *Más allá... op cit*; pp. 46-47.

172 Ayala Corao, Carlos; Del diálogo (...), *op cit*, p. 23

ne una reforma estructural del sistema jurídico del país receptor donde se recibe el criterio importado.

Trasplantes legales: La noción de trasplantes legales, conocida también como difusión legal, está ligada a la publicación en 1974 del libro de Alan Watson, con el mismo título, en el que describe la conexión entre la ley y la sociedad en la que se desenvuelve, afirmando que las leyes son previas a la sociedad y prestadas de otras sociedades. Resalta en su obra que esos trasplantes legales tienen la particularidad de que no operan igual en el lugar que las recibe que donde originalmente fueron creadas. Define al trasplante legal como "una disciplina intelectual, que puede ser definida como el estudio de las relaciones de un sistema legal y las reglas de otro"[173].

El trasplante legal (*legal trasplant*) supone la aceptación de las soluciones de otros ordenamientos por el que las recibe (*reception*), y por eso se diferencia de la "migración de las ideas constitucionales", ya que sólo identifica un flujo de comunicación que puede ser superfluo o buscar una simple actualización[174].

Esta figura es bastante conocida en Latinoamérica, ya que hasta hace siglos, la influencia del derecho europeo era notable, al punto que era común que se copiaran casi la totalidad de Códigos Civiles, Comerciales o Penales, algunos de ellos todavía vigentes, tal como ocurre con los Códigos Civiles napoleónicos[175].

---

173 Watson, Alan; *Legal Transplant: an approach to comparative law*; 2da Edición; University of Georgia Press; 1993; p. 6. Es sin duda uno de los libros de mayor influencia entre los comparatistas, escrito hace más de 50 años, en el que cita como ejemplos que van desde la antigua Roma a la reciente Nueva Zelanda. No obstante, ha sido duramente criticado por Pierre Legrand; *The imposibility of legal transplants*; consultado en http://www.pierre-legrand.com/transplants. pdf.

174 De Vergottini, Guiseppe; *Más allá del diálogo entre tribunales*; Civitas; 2010; p. 47.

175 Hernández-Breton, Eugenio; "Sueño o pesadilla de un comparatista: El derecho en Sudamérica"; *Revista de la Facultad de Ciencias Jurídicas y*

En Venezuela, el Código Orgánico Procesal Penal de 1998, tuvo una influencia directa de su par Alemán, por influencia de profesores formados en ese específico ordenamiento, lo que ha originado un problema, aun no resuelto, por el choque generado al implantar uno ajeno al venezolano, mediante cambios radicales, como fue el abandono del sistema inquisidor por el acusatorio y la incorporación de la figura del jurado, que progresivamente fueron eliminados por la propia práctica y por reformas posteriores.

V. CONTROL DE CONVENCIONALIDAD

El criterio mayormente acogido por la doctrina le atribuye el origen del control de convencionalidad a la propia jurisprudencia de la Corte IDH, en un primer momento, producto de las consideraciones expuestas en dos votos concurrentes del Magistrado Sergio Ramírez García en el caso: *Myrna Mack Chang vs Guatemala*, de 25 de noviembre de 2003, reiterado en el caso: *Tibi vs Ecuador*, de 7 de septiembre de 2004, y formalmente acogida por la mayoría de ese cuerpo colegiado en el caso: *Almonacid Arellano vs Chile*, de 26 de septiembre de 2006[176].

Políticas de la Universidad Central de Venezuela N° 109; Caracas; 1998; p. 40. En dicho artículo el autor destaca la necesidad del abogado suramericano de acudir al derecho comparado, producto de la influencia en la zona a "copiar modelos europeos", ampliamente descritos en el trabajo. Añade el autor que el estudio del derecho comparado debe atender además, a "varios factores endógenos, como el pensamiento jurídico autóctono, la herencia ibérica, el idioma, la religión, la geografía de los países y muchos otros factores de origen económico, social, sociológico y político".

176 Ese criterio fue reiterado en otros caso, entre los cuales destaco: *Trabajadores Cesados del Congreso (Aguado Alfaro y otros) vs. Perú. Excepciones Preliminares, Fondo, Reparaciones y Costas*, de 24 de Noviembre de 2006; en el caso: *La Cantuta vs. Perú. Fondo, Reparaciones y Costas*, de 29 de noviembre de 2006; en el Caso: *Boyce y otros vs. Barbados. Excepción Preliminar, Fondo, Reparaciones y Costas*, de 20 de noviembre de 2007; caso: *Heliodoro Portugal vs. Panamá. Excepciones Preliminares, Fondo, Reparaciones y Costas*, de 12 de agosto de 2008; caso: *Radilla Pacheco vs. México. Excepciones Preliminares, Fondo, Reparaciones y*

En el numeral 124 de la aludida sentencia la Corte IDH, precisó:

> 124. La Corte es consciente que los jueces y tribunales internos están sujetos al imperio de la ley y, por ello, están obligados a aplicar las disposiciones vigentes en el ordenamiento jurídico. Pero cuando un Estado ha ratificado un tratado internacional como la Convención Americana, sus jueces, como parte del aparato del Estado, también están sometidos a ella, lo que les obliga a velar porque los efectos de las disposiciones de la Convención no se vean mermadas por la aplicación de leyes contrarias a su objeto y fin, y que desde un inicio carecen de efectos jurídicos. En otras palabras, el Poder Judicial debe ejercer una especie de "control de convencionalidad" entre las normas jurídicas internas que aplican en los casos concretos y la Convención Americana sobre Derechos Humanos. En esta tarea, el Poder Judicial debe tener en cuenta no solamente el tratado, sino también la interpretación que del mismo ha hecho la Corte Interamericana, intérprete última de la Convención Americana.

A pesar de ello, en cuanto al origen del control de convencionalidad, Ayala Corao es de la tesis de que es formalmente reconocido por la Corte IDH en el caso: *Almonacid vs Chile*, pero que es anterior a éste, citando como justificación de su postura el caso: *Velázquez Rodríguez vs Honduras*, de 29 de julio de 1988, donde condenó al Estado a cumplir la obligación

---

Costas, de 23 de noviembre de 2009; caso: *Fernández Ortega y otros. vs. México. Excepción Preliminar, Fondo, Reparaciones y Costas*, de 30 de agosto de 2010; caso: *Cabrera García y Montiel Flores vs. México. Excepción Preliminar, Fondo, Reparaciones y Costas*, de 26 de noviembre de 2010; caso: *Gelman vs. Uruguay. Fondo y Reparaciones*, de 24 de febrero de 2011; caso: *Atala Riffo y Niñas vs. Chile. Fondo, Reparaciones y Costas*, de 24 de febrero de 2012; caso: *Gudiel Álvarez y otros (Diario Milita) vs. Guatemala. Fondo, Reparaciones y Costas*, de 20 noviembre de 2012; caso: *Mendoza y otros vs. Argentina. Excepciones Preliminares, Fondo y Reparaciones*, de 14 de mayo de 2013; caso: *Liakat Ali Alibux vs. Surinam. Excepciones Preliminares, Fondo, Reparaciones y Costa*, de 30 de enero de 2014; *caso de personas dominicanas y haitianas expulsadas vs. República Dominicana. Excepciones Preliminares, Fondo, Reparaciones y Costas*, de 28 de agosto de 2014.

de "investigar y sancionar a los responsables de violaciones graves a los derechos humanos"[177].

El maestro Sagüés nos enseña que el control de convencionalidad es una consecuencia del cumplimiento de las obligaciones internacionales contraídas por los Estados partes de la CADH, conforme lo garantizan los artículos 1 y 2, para el mencionado autor el control de convencionalidad es una "herramienta sumamente eficaz, para el respeto, la garantía y efectivización de los derechos descritos por el pacto", y a su vez, un "instrumento de sumo interés para construir el ius comune en materia de derechos personales y constitucionales"[178].

En igual sentido, el profesor Carbonell sostiene que "El control de convencionalidad es consecuencia directa del deber de los Estados de tomar todas las medidas que sean necesarias para que los tratados internacionales que han firmado se apliquen cabalmente"[179].

El profesor Carbonell define al control de convencionalidad:

> ...como una herramienta que permite a los jueces contrastar las normas generales internas frente a las normas del sistema convencional internacional (tratados internacionales, pero también derechos derivados de los mismos). Esto significa que los jueces nacionales deberán desarrollar -de oficio- una serie de razonamientos que permitan la aplicación más amplia posible y el mayor respeto a las obligaciones establecidas por los tratados internacionales[180].

---

177 Ayala Corao, Carlos; "Hacía el control de convencionalidad"; en *Justicia Constitucional en el Estado Social de Derecho*; Funeda; Caracas; 2012; pp. 44-45.

178 Sagüés, Néstor Pedro; *Obligaciones Internacionales y Control de Convencionalidad*; Estudios Constitucionales; Centro de Estudios Constitucionales de Chile; Año 8; N° 1; p. 118.

179 Carbonell, Miguel; *Introducción General al Control de Convencionalidad*; en: http://biblio.juridicas.unam.mx/libros/ 7/3271/11.pdf, p. 69.

180 Carbonell, Miguel; *op cit*; p. 69.

Ayala Corao sostiene que el control de convencionalidad es:

> ...una consecuencia de la obligación internacional -y en varios casos también reforzada constitucionalmente-, de respetar, garantizar y proteger los derechos reconocidos en los tratados sobre derechos humanos, en este caso la CADH, conforme a las interpretaciones contenidas en la jurisprudencia de la Corte IDH[181].

Incluso en la sentencia N° C-792/14, la Corte Constitucional Colombiana, en un voto disidente, definió el control de convencionalidad en los siguientes términos:

> Como se planteó inicialmente a la Sala Plena, la Corte debía tener en cuenta que el control de convencionalidad es un mecanismo de control judicial que consiste en verificar la adecuación del derecho interno conforme las obligaciones establecidas para el Estado en un tratado internacional. Visto de este modo, el control de convencionalidad es una exigencia del principio consuetudinario de derecho internacional según el cual el derecho interno no es excusa para el cumplimiento de los acuerdos internacionales. En tal sentido, la figura del control de convencionalidad es expresión de los principios de buena fe y pacta sunt servanda, particularmente desarrollada en el terreno de los derechos humanos, como puede desprenderse de la jurisprudencia de la Corte Interamericana de Derechos Humanos (Corte IDH)[182].

Dentro de los elementos que conforman el control de convencionalidad, la propia Corte IDH, ha sostenido en publicaciones bajo su auspicio lo siguiente:

> a) Consiste en verificar la compatibilidad de las normas y demás prácticas internas con la CADH, la jurisprudencia de

---

181 Ayala Corao, Carlos, *op cit*; p. 33. El referido autor que el control de convencionalidad se enmarca en el ámbito interno como consecuencia de la jerarquía constitucional que les atribuyen algunas Constituciones y leyes a los tratados internacionales sobre derechos humano, logrando conformar el bloque de constitucionalidad.

182 Puede verse en: http://www.corteconstitucional.gov.co/ relatoria/2014/C-792-14.htm.

la Corte IDH y los demás tratados interamericanos de los cuales el Estado sea parte; b) Es una obligación que corresponde a toda autoridad pública en el ámbito de sus competencias; c) Para efectos de determinar la compatibilidad con la CADH, no sólo se debe tomar en consideración el tratado, sino que también la jurisprudencia de la Corte IDH y los demás tratados interamericanos de los cuales el Estado sea parte; d) Es un control que debe ser realizado ex officio por toda autoridad pública; y e) Su ejecución puede implicar la supresión de normas contrarias a la CADH o bien su interpretación conforme a la CADH, dependiendo de las facultades de cada autoridad pública[183].

Respecto de los sujetos que deben efectuar el control de convencionalidad a nivel interno sostiene que "lo deben ejercer todos los jueces, en el ámbito de sus competencias propias y, en el caso de que exista Tribunal Constitucional coexiste con el control concentrado de convencionalidad"[184]. El profesor Ayala Corao lo califica como una "obligación totalizante" que reposa en cabeza de todos los órganos del poder público, que además es una "obligación de resultado", es decir, "de hacer efectivo tales derechos"[185].

En cuanto a los efectos del control de convencionalidad es necesario precisar que la Corte IDH no se convierte en una nueva instancia revisora del derecho interno, sino "su misión consiste en controlar si las normas locales acatan –o no– las convenciones internacionales", para concluir si hubo incumplimiento de las obligaciones internacionales, en la que actúa

---

[183] La propia Corte IDH, ha destinado un estudio completo del control de convencionalidad en su *Cuadernillo de Jurisprudencia de la Corte Interamericana de Derechos Humanos* N° 7, que puede verse en: http://www.corteidh.or.cr/tablas /r33825.pdf.

[184] Ayala Corao, Carlos; *op cit*; p. 36. Aunque admite que el profesor Eduardo Ferrer Mac Gregor, actual integrante de la Corte IDH, es de la tesis de que el control concentrado de convencionalidad lo ejerce exclusivamente esa corte y se ejerce a nivel interno por todos los jueces mediante el control difuso de convencionalidad, incluso *ex officio*.

[185] Ayala Corao, Carlos; *op cit*; p. 30.

como una suerte de "casación regional que sirve para unificar la interpretación jurídica de los países plegados al modelo"[186].

Saliéndonos del sistema interamericano, Ayala reconoce que en Europa se están dando "expresiones que en la práctica se asemejan a ese control de convencionalidad", aludiendo con ello al diálogo jurisprudencial entre los Tribunales europeos de derechos humanos y las cortes nacionales[187].

Esa misma postura la defiende Hitters, para quien el control de convencionalidad lo ejercen los jueces nacionales y el Tribunal de Luxemburgo como una suerte de "inspección" en el marco del derecho comunitario. En específico sostiene que:

> ...desde la famosa sentencia Costa vs. ENEL dictada por [ese] cuerpo judicial internacional, en el año 1964, el mismo sostuvo que las leyes comunitarias, tanto primarias como secundarias, han sido consistentemente proclamadas por ese organismo como preeminentes tanto frente a las leyes internas anteriores, como a las posteriores (incluyendo las leyes constitucionales nacionales)[188].

Para Bazán, la noción de control de control de convencionalidad no es ni pacífica ni lineal, incluso reconoce que puede confundirse con una "especie de diálogo interjurisdiccional", que se da en dos vertientes, a saber: i) en el ámbito internacional, cuando los órganos especializados del sistema interamericano juzgan si la normativa interna es compatible con la CADH, para así disponer de su reforma o abrogación y, ii) en el ámbito interno, cuando las autoridades nacionales verifican la adecuación entre las normas de ese país y las de la CADH y "a los es-

---

186 Hitters, Juan Carlos; "Control de convencionalidad. Avances y retrocesos"; *Revista Peruana de Derecho Público*; N° 29; 2014; p. 41.

187 Ayala Corao, Carlos; *op cit*; p. 93.

188 Hitters, Juan Carlos; *Control de constitucionalidad y convencionalidad. Comparación (Criterios fijados por la Corte Interamericana de Derechos Humanos)*; Estudios Constitucionales; Centro de Estudios Constitucionales de Chile; Año 7 N° 2; 2009; pp. 111-112.

tándares interpretativos que ese Tribunal Interamericano ha acuñado a su respecto"[189].

En el plano del sistema europeo de derechos humanos, nos enseña Queralt Jiménez, que el Tribunal Europeo de los Derechos Humanos (TEDH) cumple una doble función a través de sus sentencias, a saber: i) Reactiva, aludiendo a ella a la solución de casos concretos resueltos a los particulares, y, ii) Preventiva:

> ...que consiste en decirle al conjunto de implicados (...) qué es el convenio en cada momento, interpretándolo y determinando de qué forma debe ser interpretado por las autoridades nacionales para que sus decisiones sean compatible con el estándar europeo y evitar, así, futuras vulneraciones[190].

En cuanto a la recepción de las sentencias del TEDH, la referida autora es de la tesis de la superioridad de la Convención Europea de Derechos Humanos (CEDH) al derecho interno, lo que supone:

> ...que un Estado no puede alegar causa alguna de derecho interno para poder escapar de sus obligaciones Otra cosa será analizar cómo ha sido incorporado el CEDH en los ordenamientos de los Estados parte, que posición tiene en su sistema de fuentes y cual (sic) es su aplicación judicial real y efectiva[191].

Al comentar sobre la relación de los jueces internos con el TEDH y el Tribunal de Justicia de la Comunidad Europea (TJCE), sostiene que "el juez interno podrá entre otros, inaplicar por su propia autoridad la norma interna contraria al acervo comunitario"[192].

---

189 Bazán, Víctor; "¿De qué hablamos cuando hablamos de control de convencionalidad y diálogo jurisdiccional?"; *Revista peruana de Derecho Público*; N° 29; Perú; 2014; pp. 76-77.

190 Queralt Jiménez, Argelia; *op cit*; p. 65.

191 Queralt Jiménez, Argelia; *op cit*; p. 65.

192 Queralt Jiménez, Argelia; *op cit*; p. 67. Es necesario aclarar que la autora destaca la diferencia en la recepción de las decisiones del TEDH y

Sostiene que es muy frecuente que el Tribunal Constitucional Español utilice como argumento de autoridad *ad abundantian* la cita se sentencias del TEDH y de la propia CEDH, que "tiene como finalidad esencial mostrar la conformidad del estándar constitucional con el estándar europeo, siempre entendiendo conformidad como compatibilidad". A pesar de ello, no duda en calificar esa cita como una "cláusula de estilo", por ser "redundantes", en el sentido de que "su supresión no supondría una pérdida materialmente relevante de la argumentación jurídica del Tribunal Constitucional"[193].

Lo anterior nos sitúa en una línea delgada entre el tema de la argumentación de la sentencia y el tema de la recepción de la interpretación de la convención efectuada por las altas cortes internacionales.

La vinculación del control de convencionalidad con el diálogo jurisprudencial es clara, ya que se produce una comunicación de arriba hacia abajo, aludiendo a que los órganos especializados en los sistemas regionales de protección de los derechos humanos son los competentes para interpretar las normas de los tratados o pactos que los sustenten, y los órganos internos de los países partes deben acogerlas para adaptar y corregir su propia legislación o la solución de sus asuntos. Ello produce una necesaria interacción entre las altas cortes internacionales y los tribunales nacionales, sean o no los condenados en la sentencia que se produzca, pues la obligación nace del propio pacto internacional que tiene un efecto expansivo hacía todos los demás tribunales.

---

del TJCE, ya que esa inaplicación por parte del juez interno sería en el caso de la materia comunitaria.

193 Queralt Jiménez, Argelia; *op cit*; p. 220. Incluso es de la opinión que en la estructura de la sentencia, esas citas no forman parte de la ratio *decidendi* sino más bien de *obiter dicta*.

VI. LA INTERPRETACIÓN CONFORME

En el sistema interamericano, la interpretación conforme es una creación que se le atribuye a la Corte IDH, en su sentencia *Radilla Pacheco vs. México*, dictada el 23 de noviembre de 2009, en la que se optó por no declarar la inconvencionalidad del artículo 13 de la Constitución Federal Mexicana, sino que lo obligaron a aplicar una interpretación conforme a la convención y a los estándares sobre el derecho proceso, para adaptar los juicios seguidos a militares por delitos de desaparición forzada de personas en jurisdicción penal ordinaria y no militar.

De otro lado, para Miranda, la interpretación conforme tiene su origen en las sentencias interpretativas, como tipología creada por la Corte Constitucional italiana, cuyo fin era "escapar a la rígida alternativa entre fundado e infundado entre declarar la inconstitucionalidad o considerar infundada la cuestión formulada con dicho fin". Dentro de los riesgos de la interpretación conforme está el de cometer "excesos interpretativos que transforme la interpretación conforme de un activismo tal conlleve la creación de normas normazioni mascherata"[194].

Para Blanco Zuñiga:

> ...la interpretación conforme con los tratados sobre derechos humanos es un criterio rector de la hermenéutica constitucional y en especial para mejor entender la aplica-

[194] Miranda Bonilla, Hayder; *op cit*; pp. 202-223. Para este autor "La interpretación conforme se forma en una estructura en mayor o menor medida abierta por la ambigüedad o imprecisión del enunciado normativo, motivo por el cual requiere además de la utilización del método comparado, una actividad creativa por parte de la autoridad judicial, a fin de lograr la compatibilidad de la norma nacional, no solo conforme al bloque de constitucionalidad, sino también al bloque de convencionalidad y así lograr la plena efectividad de los derechos fundamentales. Lo anterior plantea si en la realización de la interpretación convencional conforme el juez debe utilizar únicamente el texto de la Convención Americana o también la jurisprudencia de la Corte IDH".

ción de las garantías fundamentales, en verdad cada Estado deberá incorporar ese criterio de acuerdo con la relación que dentro de su ordenamiento se haya establecido para armonizar el derecho interno y el derecho internacional[195].

Sagüés destaca la función "constructiva (positiva), o de adaptación, empalme, reciclaje, de la norma inferior para amoldarla a la superior", descartando *a priori* la desaparición de la norma, toda vez que para dar paso a este mecanismo, el control de convencionalidad o de constitucionalidad serían supletorios[196]. Destaca que la interpretación conforme presenta varias dificultades, entre ellas, la formación de los operadores jurídicos que ignoran su existencia, así como la necesidad de "seleccionar interpretaciones" que permitan solucionar el asunto y en caso de no existir "construir interpretaciones" mediante las sentencias "atípicas, modulativas, manipulativas" o la teoría de las "interpretación mutativa"[197]. En definitiva, tendría una función de "adaptar el derecho doméstico al derecho internacional de los derechos humanos"[198].

Es esa misma dirección el profesor García Roca afirma que la interpretación conforme es "una operación hermenéutica de los derechos", que produce un diálogo judicial entre el TEDH y los Tribunales Constitucionales, cuya finalidad es adherir las proposiciones a las disposiciones del CEDH. A pesar de ello, ese proceso no es idéntico al que sucede con la interpretación de la normativa interna, ya que influye directamente las obligaciones que asumen los Estados parte que suscriben esa convención, por lo que el margen de apreciación es consecuencia directa del principio de subsidiariedad, originando lo que de-

---

195 Blanco Zuñiga, Gilberto A.; *De la interpretación legal a la interpretación constitucional*; Ibáñez; Bogotá; 2010; p. 233.

196 Sagüés, Néstor Pedro; "La doctrina de la 'Interpretación Conforme' en el ámbito constitucional, y sus proyecciones en el control represivo y constructivo de convencionalidad"; en: *VI Congreso Internacional de Derecho Procesal Constitucional & IV Congreso de Derecho Administrativo*; Funeda; Caracas; 2017; p. 78.

197 Sagües, Néstor Pedro; *ibídem*; p. 80.

198 Sagües, Néstor Pedro; *ibídem*; p. 89.

nomina "una diplomática deferencia internacional que no existe en los tribunales constitucionales". Como una recomendación sugiere que ante la deferencia frente a sentencias emanadas de otras altas cortes de justicia, los tribunales constitucionales deben auto restringirse (*self-restraint*), por ser el intérprete supremo de la Constitución.[199]

Esa vinculación entre legislación interna e internacional de los derechos humanos, "acaba de un modo u otro vinculando al intérprete estatal de los derechos, dando pie a una interpretación conforme a la dada por el intérprete internacional"[200].

Para Ortiz, el control de convencionalidad en el marco interno de cada uno de los Estados es *strictu sensu*, lo denomina como doctrina del "seguimiento nacional" o de la "interpretación conforme"[201]. Así, la funciones de la doctrina de la cosa interpretada son:

> a) dar sentido y coherencia a todas las normas de protección regional, con relación a derechos y garantías de las personas que forman parte de los distintos Estados; b) buscar un trato igualitario a todas las personas –que aunque formen parte de distintos Estados–, sean resueltos sus casos con la misma óptica de protección y de manera igual en situaciones similares y; c) asegurar un mínimo de certeza o de seguridad jurídica a tiempo de otorgarse protección a los derechos humanos, cuando estos han sido injustamente violados, propiciando cierta estabilidad en la aplicación de las normas que son parte del SIDH[202].

Destaca el profesor Gozaíni la "lucha dialéctica" que se produce cuando se utiliza la interpretación conforme, entre ley y Constitución, poniendo de relieve que en el sistema argen-

---

199 García Roca, Javier; *op cit*, pp. 186-188.

200 Ortíz Torrico, Marcela; *op cit*; p. 267.

201 Ortiz Torricos, Marcela Rita; *op cit*; p. 324.

202 Ortiz Torricos, Marcela Rita; *op cit*; pp. 311-312.

tino los tratados internacionales tienen rango supraconstitucional[203].

La vinculación de la interpretación conforme con el diálogo jurisprudencial es clara, ya que se produce una comunicación de abajo hacia arriba, aludiendo a que los órganos internos deben hacer un esfuerzo por adaptar y corregir su propia legislación o la solución de sus asuntos, con apoyo de las decisiones adoptadas por los órganos especializados en los sistemas regionales de protección de los derechos humanos.

VII. MARGEN DE APRECIACIÓN

Para el maestro Sagüés:

> ...la doctrina del margen de apreciación nacional aclara que en todo derecho de fuente internacional cabe distinguir entre un núcleo duro, esencial, básico, mínimo, inalterable e innegociable, común para todos, y otros más flexibles y maleables, que admitirían ciertas modalidades secundarias de extensión y de aplicación, entendiendo las limitaciones, posibilidades y peculiaridades de todo país; su idiosincrasia y experiencias.

Dentro de ese margen de apreciación cita como ejemplo el desarrollo del concepto de "moral pública" y la Opinión Consultiva de la CIDH N° 4/84 sobre la nacionalidad costarricense[204].

Un reciente caso en el que se explica la teoría del margen de apreciación comenzó el 8 de septiembre de 2005, cuando la Corte IDH dictó sentencia en el caso *Yean y Bosico vs República Dominicana*, en la que se declaró la responsabilidad de ese Estado por negarse las autoridades de registro civil a la emisión de sus actas de nacimiento, confrontando con ello el artículo 11 de la Constitución de República Dominicana. La réplica

---

203 Gozaíni, Osvaldo; *op cit*; p. 167.

204 Sagüés, Néstor Pedro; "Dificultades operativas del control de convencionalidad en el sistema interamericano"; *La Constitución bajo tensión*; Instituto de Estudios Constitucionales del Estado de Queretaro; México; 2016; p. 422.

de la condena anterior se produjo por Sentencia del Tribunal Constitucional de República Dominicana N° 168/2013 Expediente núm. TC-05-2012-0077, con ocasión del recurso de revisión constitucional en materia de amparo incoado por la señora Juliana Dequis (o Deguis) Pierre, contra la Sentencia núm. 473/2012 dictada por la Cámara Civil, Comercial y de Trabajo del Juzgado de Primera Instancia del Distrito Judicial de Monte Plata, en fecha diez (10) de julio de dos mil doce (2012), precisando lo siguiente:

> El presente caso se contrae a que la señora Juliana Dequis (o Deguis) Pierre depositó el original de su acta de nacimiento en el Centro de Cedulación del Municipio de Yamasá, provincia de Monte Plata, y requirió la expedición de su cédula de identidad y electoral. La Junta Central Electoral rechazó esa petición bajo el fundamento de que la solicitante fue inscrita de manera irregular en la Oficialía del Estado Civil de Yamasá, siendo hija de nacionales haitianos.
>
> Incumbe al Estado dominicano la obligación ineludible de garantizar el otorgamiento de la nacionalidad a las personas que nazcan en el territorio nacional, pero a condición de que satisfagan los presupuestos previstos en la Constitución y en las leyes nacionales, a los cuales se encuentran sujetos los nacionales y los extranjeros, no solo para el ejercicio de los derechos que dichas normativas garantizan, sino también para los deberes que ellas consagran.
>
> (...)
>
> 2. La posición de la Corte Interamericana de Derechos Humanos (CIDH) 2.1. En la exposición que sigue, expondremos el tema que nos ocupa a través del análisis del caso de las niñas Yean y Bosico c. República Dominicana, en vista de que en el mismo la Corte Interamericana de Derechos Humanos establece importantes elementos definitorios e interpretativos de la noción de extranjero en tránsito, de acuerdo con la opinión de esa alta corte internacional; a saber:
>
> (....)
>
> Corresponde, pues, a cada Estado establecer, definir e interpretar los requisitos para la adquisición de la nacionalidad. De ello resulta que, en materia de nacionalidad, los Estados deben contar con un nivel de discrecionalidad importante, pero que tiene sus límites y, sobre todo, debe utilizarse con

racionalidad para evitar que los intereses de un Estado den al traste con los comunitarios.
(...)
El Tribunal Constitucional considera que en el caso que nos ocupa es viable aplicar la tesis del "margen de apreciación", en lo que respecta a la determinación del significado y alcance de la noción de extranjeros en tránsito, ya que la cuestión de la nacionalidad resulta un tema particularmente sensible para todos los sectores de la sociedad dominicana[205].

En el plano europeo en común la cita de las sentencias de 14 octubre de 1987 y de 13 de diciembre de 1988, dictadas por el Tribunal Constitucional austriaco, en la que estableció que "no podía seguir la interpretación del Tribunal de Estrasburgo en los casos en que ésta contradiga la Constitución"[206].

Silva García aboga por una coordinación y no superioridad entre la Corte IDH y los Tribunales Constitucionales, mediante un condicionamiento mutuo que dará lugar a un diálogo judicial, que tienda a "respetar ciertos márgenes decisorios de los Estados miembros", confrontando las tesis de subsidiariedad (agotamiento de las vías internas como requisito previo) y de las "Cláusulas de apertura" referidas al respeto de la tradición cultural constitucional de los países miembros (sobre la base de la tesis del margen de apreciación); con la forma con la que las decisiones de los tribunales internacionales son recibidas por el ordenamiento jurídico interno[207].

---

205 En el voto salvado la Magistrado Disidente alerta sobre el desconocimiento del carácter de vinculatoriedad de las sentencias de la Corte IDH y que esos mismos derechos de igualdad y a la nacionalidad han sido reconocidos por la CADH. Puede leerse el texto completo de esa sentencia en: https://www.tribunalconstitucional.gob.do/sites/default/files//documentos/Sentencia%20TC%200168-13%20-%20C.pdf.

206 Silva García, Fernando; "La CIDH y los tribunales constitucionales"; en *I Congreso Internacional sobre Justicia Constitucional*; UNAM, México; 2009; p. 705

207 Silva García, Fernando; *op cit*; pp. 706-712.

Queralt sostiene que:

> ...la subsidiaridad, en tanto que principio por el que se hace efectivo el respeto de la soberanía de los Estados parte, justifica el margen de apreciación de estos últimos para elegir libremente los medios para hacer efectivos los derechos y libertades reconocidos en el CEDH[208].

La vinculación entre la teoría del margen de apreciación con el diálogo jurisdiccional es clara, se patentiza desde su original implementación por el sistema europeo de derechos humanos y su recepción por el americano, buscando los consensos necesarios para no imponer criterios que afecten el núcleo esencial o medulares en el orden interno, hasta la abundante cita de jurisprudencia extranjera que utilizan los tribunales nacionales para rechazar esa injerencia en asuntos que consideran sensibles o mejor regulados en su propis legislación.

---

[208] Queralt Jiménez, Argelia; *op cit*; p. 107.

CAPÍTULO V:
DIÁLOGO JURISPRUDENCIAL EN LA SC-TSJ

I. DIÁLOGO DE LA SC-TSJ CON EL SISTEMA INTERAMERICANO DE DERECHOS HUMANOS

Abordaremos uno de los capítulos más ásperos entre el sistema interamericano de derechos humanos y el nacional, producido por la constantes desavenencias patentizadas por el desconocimiento por parte de la SC-TSJ de la obligatoriedad de cumplir las interpretaciones, medidas cautelares, recomendaciones o condenas efectuadas tanto por la CIDH como por la Corte IDH contra Venezuela. Analizaremos los efectos que la denuncia por parte del Estado venezolano de la CADH ha tenido sobre el tema del diálogo jurisprudencial, mediante la confrontación de la utilización del *corpus iuris* interamericano por parte de la SC-TSJ.

1. De la ruptura del diálogo al control de convencionalidad a la inversa

El 6 de septiembre de 2012, el entonces Ministro del Poder Popular para las Relaciones Exteriores y actual Presidente de la República, notificó al Secretario General de la Organización de los Estados Americanos, la denuncia de la CADH (Pacto de San José)[209], específicamente respecto de la "competencia de sus órganos para nuestro País, tanto de la Comisión Interamericana de Derechos Humanos[210], como de la Corte Interamericana de Derechos Humanos[211]", haciendo expresa salvedad de que

---

[209] Ratificada según Ley Aprobatoria publicada en la Gaceta Oficial N° 31.256 del 14 de junio de 1977.

[210] Reconocida el 9 de agosto de 1977.

[211] Reconocida el 24 de junio de 1981.

"continuaría cumpliendo con los elementos contenidos en la Carta de la OEA y en los otros instrumentos", pero condicionándolo a que "no contradiga el espíritu, propósito y razón de la presente denuncia"[212].

La anterior denuncia fue el resultado de un constante desacuerdo entre el Gobierno de Venezuela y la SC-TSJ sobre el contenido de las medidas cautelares, opiniones consultivas y sentencias dictadas por la CIDH y por la Corte IDH, respectivamente.

Esa divergencia se patentizó en algunas decisiones de la SC-TSJ, entre las que se encuentran[213]:

- Sentencia N° 386 del 17 de mayo de 2.000, caso: Faitha Nahmens y otro, donde se cuestionaron los poderes cautelares de la Corte IDH ante la tardanza en la tramitación de un juicio penal que se le seguía como editores de la Revista Exceso.
- Sentencia N° 1.013 del 12 de junio de 2001, caso: Elías Santana y Asociación Civil Queremos Elegir, sobre la libertad de expresión y el derecho de rectificación, cuando solicitaron un derecho a réplica en un programa que conducía el Presidente de la República.
- Sentencia N° 1.942 del 15 de junio de 2003, caso: Rafael Chavero, quien demandó la nulidad del Código Penal en cuanto a los delitos de desacato y vilipendio.

---

212 El texto íntegro de la denuncia de la CADH puede verse en: http://historico.tsj.gob.ve/decisiones/scon/septiembre/181181-1175-10915-2015-15-0992.HTML.

213 Todas esas sentencias pueden ser consultadas en la página web: www.tsj.gob.ve. Si se quiere ampliar sobre el contenido de las sentencias que de seguidas se enunciaran, sugiero la lectura de la obra de Meier, García Eduardo; *La eficacia de las sentencias de la Corte Interamericana de Derechos Humanos frente a las prácticas ilegítimas de la Sala Constitucional*; Academia de Ciencias Políticas y Sociales; Serie Estudios; Caracas; Venezuela; 2014. Esa obra mereció el premio de la academia a la mejor investigación jurídica por el período 2011-2012.

- Sentencia N° 1.411 del 27 de julio de 2004, caso: Ley del Ejercicio del Periodismo, en la que se cuestionaba la obligatoriedad de colegiación y de previa obtención de licenciatura para su ejercicio.
- Sentencia N° 1.461 del 27 de julio de 2006, caso: Pedro Colmenares Gómez, en la que desacató una decisión dictada por la Corte IDH el 29 de agosto de 2002 contra Venezuela, por el sonado caso del Caracazo, donde fallecieron miles de personas en manos de cuerpos de seguridad durante manifestaciones populares los días 27 y 28 de febrero de 1989.
- Sentencia N° 1.939 del 18 de diciembre de 2008, caso: Gustavo Álvarez Arias y otros, en la que declaró inejecutable la sentencia de la Corte IDH dictada el 5 de agosto de 2008, con ocasión de la remoción de 3 jueces integrantes de la Corte Primera de lo Contencioso Administrativo (Juan Carlos Apítz, Perkins Rocha Contreras y Anna María Ruggeri), en esa sentencia también se exhortó al Ejecutivo Nacional a denunciar la CIDH.
- Sentencia N° 834 de 18 de junio de 2.009, caso: Globovisión y RCTV, donde se demandó la nulidad de algunos artículos de la Ley Orgánica de Telecomunicaciones por considerar que contribuían a la censura previa de los canales de televisión.
- Sentencia N° 745 de 15 de julio de 2010, caso: Asociación Civil Espacio Público, donde se analizó el derecho de acceso a la información, ante el requerimiento de la cantidad devengada por algunas autoridades de la Contraloría General de la República.
- Sentencia N° 796 de 27 de julio de 2010, caso: Asociación Civil Súmate, sobre el financiamiento de las ONG, casualmente la accionante estuvo dirigida por la ciudadana María Corina Machado.
- Sentencia N° 1.547 del 17 de octubre de 2011, caso: Carlos Escarra Malavé, quien actuando como Procurador

General de la República ejerció una "acción innominada de control de constitucionalidad" contra la sentencia de la Corte IDH dictada el 01 de septiembre de 2011, en el caso Leopoldo López Mendoza vs Venezuela, siendo condenada esta última por violación de los derechos de postulación a cargos públicos del referido ciudadano, quien había sido inhabilitado por un procedimiento administrativo seguido ante la Contraloría General de la República. Esta última decisión declaró inejecutable la sentencia de la Corte IDH por violatoria de la CRBV y por la antinomia con otros convenios internacionales válidamente suscritos por la República.

- Sentencia N° 1175 del 9 de septiembre de 2015, caso: Reinaldo Enrique Muñoz Pedroza y otros, quien actuando en su carácter de Viceprocurador General de la República ejerció una demanda que calificó como "ACCIÓN DE CONTROL CONVENCIONALIDAD", contra la sentencia dictada el 22 de junio de 2015, por la Corte IDH en el caso Marcel Granier y otros (Radio Caracas Televisión) Vs. Venezuela, la cual concluyó con la declaratoria de inejecutabilidad.

Vale la pena citar la opinión del profesor Meier sobre este conjunto de sentencias, cuando nos enseña que:

> ...constituyen interpretaciones inconvencionales que pretenden avalar situaciones fácticas previamente declaradas inconvencionales y antijurídicas por decisiones estimatorias de la Corte IDH, al contrariar la Convención Americana sobre Derechos Humanos, y finalmente, son manifiestamente inconstitucionales al crear un control de constitucionalidad o pasavante sobre las sentencias de la Corte Interamericana[214].

De todas las sentencias antes mencionadas, debo destacar tres: la N° 1939/2008, la N° 1547/2011 y la N° 1175/2015, por consagrar una suerte de exequatur constitucional de las deci-

[214] Meier, Eduardo; *op cit*; p. 166.

siones de la Corte IDH, sobre la base de equiparar a la CADH de rango constitucional, por mandato del artículo 23 de la CRBV, para otorgar fuerza ejecutoria a tales decisiones bajo un aparente test de compatibilidad entre el derecho interno y el internacional[215].

En esta última decisión, caso: *RCTV*, identificada con el N° 1175/2015, la SC-TSJ justificó la declaratoria de inejecutabilidad del fallo de la Corte IDH en la incompatibilidad entre la interpretación que esta última efectuó de la CADH y la CRBV. Del texto del fallo antes citado resulta evidente que la SC-TSJ cuestionó los argumentos mediante los cuales la Corte IDH condenó a Venezuela, para concluir en que era incongruente con la propia CADH y contradecía la CRBV. Efectivamente, la SC-TSJ no sólo aplicó un test de constitucionalidad al declararlo inejecutable, sino que actuó como una suerte de casación constitucional al analizar los argumentos por lo que se rechazaron las defensas previas de falta de agotamiento de los recursos internos y a los que en el fondo motivaron a la condena por violación de los derechos a la libertad de expresión y al debido proceso.

Mención especial la constituye la sentencia 1547/2011, ya que si bien se basa en el precedente contenido en la N° 1939/2008, incluye por primera y única vez en las decisiones del SC-TSJ la mención del control de convencionalidad, aunque, claro está, en nuestro criterio lo aplicó a la inversa, es decir, controló la convención mediante una aparente antinomia entre dos convenciones internacionales que obligaron a

---

[215] En sentido opuesto, la Corte Constitucional colombiana ha sostenido que ésta "no es juez de convencionalidad, esto es, no está llamada a verificar la concordancia abstracta de la legislación nacional con los tratados internacionales que obligan al Estado" Sentencia de la Corte Constitucional de Colombia N° C-941 de 2010, de 20 de julio. Puede verse en: http://www.corte constitucional.gov.co/relatoria/2010/C-941-10.htm. A la par de ese criterio, que por demás comparto, la Sala Constitucional de Costa Rica, ha sostenida en su sentencia 2014-012703 el valor vinculante de las sentencias de la Corte IDH, que se extiende aun en todos aquellos casos donde Costa Rica no sea parte.

utilizar el mecanismo de ponderación y declarar que prevalecía uno sobre el otro[216].

Para mayor claridad del lector que se tope con esta realidad, consideramos vital referir que dentro del catálogo de procesos constitucionales contenidos en la CRBV y en la LOTSJ, no se atribuye competencia a tribunal alguno para ejercer el control constitucional de los tratados internacionales[217]. La única competencia que expresamente le atribuyen a la SC-TSJ es un control preventivo de los tratados internacionales suscritos

---

216 En la sentencia de la SC-TSJ N° 1547/2011, se lee: "No se trata de interpretar el contenido y alcance de la sentencia de la Corte Interamericana de Derechos Humanos, ni de desconocer el tratado válidamente suscrito por la República que la sustenta o eludir el compromiso de ejecutar las decisiones según lo dispone el artículo 68 de la Convención Interamericana de Derechos Humanos, sino de aplicar un estándar mínimo de adecuación del fallo al orden constitucional interno, lo cual ha sucedido en otros casos y ejercer un 'control de convencionalidad' respecto de normas consagradas en otros tratados internacionales válidamente ratificados por Venezuela, que no fueron analizados por la sentencia de la Corte Interamericana de Derechos Humanos del 1 de septiembre de 2011, como lo son las consagradas en la Convención Interamericana contra la Corrupción y la Convención de las Naciones Unidas contra la Corrupción, lo que ha obligado a esta Sala a ponderar un conjunto de derechos situados en el mismo plano constitucional y concluir en que debe prevalecer la lucha contra la corrupción como mecanismo de respeto de la ética en el ejercicio de cargos públicos, enmarcada en los valores esenciales de un Estado democrático, social, de derecho y de justicia. Ese mecanismo de 'control de convencionalidad' ha sido señalado por la propia Corte Interamericana de Derechos Humanos, en el voto contenido en la sentencia del 24 de noviembre de 2004, caso: Trabajadores Cesados del Congreso vs. Perú (...)".

217 Así lo ratificó la SC-TSJ en su sentencia N° 2167 de 14 de septiembre de 2004, caso: Cámara de Laboratorios Venezolanos y otros, cuando demandó la nulidad del artículo único de la Ley Aprobatoria del Protocolo Modificatorio del Tratado de Creación del Tribunal de Justicia del Acuerdo de Cartagena, donde la Sala afirmó que "No puede dejarse de lado que los tratados no son impugnables en ele Derecho Interno -al menos es así en Venezuela-, por lo que la única forma de controlar su constitucionalidad -si no existió el control previo que ahora reconoce el texto Fundamental- es a través de la Ley de aprobación o del acto de ratificación, ley formal la primera y acto de gobierno el segundo, ambos encomendados a esta Sala".

por la República, antes de su ratificación[218]. Ante la inexistencia de un control posterior de la constitucionalidad de los tratados internacionales, la SC-TSJ creó por vía pretoriana una acción innominada de control de las sentencias de la Corte IDH.

En adición a lo anterior, encontramos que la Asamblea Nacional aprobó un Acuerdo el 14 de enero de 2016[219], en el que exhortó a todos los jueces de la República cumplir las sentencias, interpretaciones o medidas de los órganos que conforman el sistema interamericano de derechos humanos y del universal de derechos humanos:

> Primero. Exhortar a todos los jueces y tribunales de la República, así como también a todos los funcionarios del Estado venezolano a cumplir y ejecutar en forma inmediata decisiones, resoluciones, informes, opiniones, medidas o actos antes referidos, dictados por organismos internacionales de protección de derechos humanos.

El anterior Acuerdo significa un llamado de atención del Poder Legislativo para que los jueces y demás autoridades acaten y cumplan los actos dictados por los órganos internacionales especializados en la protección de derechos humanos, entre los que está el control de convencionalidad, que perfectamente pudiera ejercerse a través del control difuso de la constitucionalidad (artículo 334 CRBV), en específico por inconvencionalidad (ex artículo 23 CRBV) y desaplicar el acto para ese caso concreto.

---

218 El artículo 336.5 de la CRBV atribuye la siguiente competencia exclusiva a la SC-TSJ: "Verificar, a solicitud del Presidente o Presidenta de la República o de la Asamblea Nacional, la conformidad con esta Constitución de los tratados internacionales suscritos por la República, antes de su ratificación". En idéntico sentido el artículo 25.5 de la Ley Orgánica del Tribunal Supremo de Justicia.

219 http://www.asambleanacional.gob.ve/actos/_acuerdo-de - exhortacion-de-cumplimiento-de-las-decisiones-resolucio-nes-opiniones-o-actos-dictados-por-organismos-internacio-nales-de-derechos-humanos.

En ese contexto, consideramos que el control de convencionalidad ha sido reconocido en Venezuela por la SC-TSJ, pero ha sido aplicado a la inversa, es decir, como un control de la convención mediante la declaratoria de inejecutabilidad de sentencias dictadas por la Corte IDH condenatorias contra Venezuela. Lo anterior nos sitúa en un plano de desconocimiento de uno de los derechos esenciales de una democracia, cual es de la tutela judicial efectiva que propende a que, a pesar de que en un proceso una de las partes resulte vencida y por ende no estará conforme con ese fallo, el mismo se ejecutará, eso hace la diferencia entre la barbarie y la civilidad. Si a ello le añadimos que nos encontramos frente a obligaciones internacionales asumidas por Venezuela con la ratificación de la CADH y su inclusión en el bloque de constitucionalidad por mandato expreso de la CRBV (artículo 23), supondría además violación del principio del *pacta sunt servanda*[220] y de la buena fe. Por si fuera poco, consideramos que con esa actitud se vulnera el principio de progresividad de los derechos humanos al negar el acceso al ciudadano a los órganos de protección internacional de los derechos humanos.

En el plano del diálogo jurisdiccional Carlos Ayala califica la postura de la SC-TSJ respecto de la inejecutabilidad de las decisiones de la Corte IDH como un "diálogo interrumpido abruptamente" y un "diálogo roto a priori incluso de manera inaceptable"[221].

Por nuestra parte, consideramos que no se trata de un monólogo, ni de un diálogo interrumpido, sino de un falso diálogo, toda vez que, la propia jurisprudencia de la SC-TSJ reconoce la existencia del control de convencionalidad, pero lo aplica a la inversa al declarar inejecutables tres sentencias de la propia Corte IDH, bajo una aparente antinomia entre la CADH

---

220 Aplicable pesar de que Venezuela no ha ratificado la Convención de Viena sobre el Derecho de los Tratados, como consecuencia del principio de progresividad de los derechos humanos.

221 Ayala Corao, Carlos; *op cit*; p. 94.

y la CRBV, como una suerte de exequátur constitucional que en definitiva se traduce en un control constitucional innominado de la convención.

Como puede apreciarse las razones sobre las cuales fundamenta la SC-TSJ la inejecutabilidad de las decisiones de la Corte IDH, son la incompatibilidad con el derecho interno, la subsidiariedad del sistema interamericano de derechos humanos frente al orden constitucional, la soberanía como límites del tutelaje de "potencias extranjeras", la incongruencia en los argumentos de la sentencia declaratoria de responsabilidad, la pugna entre derechos consagrados en pactos internacionales que amerita utilizar el método de ponderación para escoger cuál debe prevalecer. Esas razones de la SC-TSJ difieren de la mejor teoría esgrimida por varios países -descritas previamente- para no cumplir las sentencias dictadas en su contra por la Corte IDH, a saber, la cosa juzgada (caso *Fontenevecchia y D'amico* vs. Argentina), el margen de apreciación (*Yean y Bosico vs República Dominicana*), lo que nos sitúa más cerca de posiciones como la de Estados Unidos (*México vs. United Estates of America*) como justificación de la declaratoria de inejecutabilidad de decisiones de los órganos internacionales.

Es un error considerar que Venezuela está aislada en la forma como argumenta la inejecutabilidad de decisiones, ya que pareciera que con los nacionalismos exacerbados (un ejemplo patente es el Brexit en el Reino Unido o la denuncia de la Convención de Paris por parte de los Estados Unidos de Norteamérica), la crisis económica (por la caída de los precios petroleros, proteccionismo o crisis de sistemas regionales), la vuelta a tensiones propias de la guerra fría (lideradas por Corea del Norte, Rusia, Cuba y Venezuela), han configurado bloques de países que se confabulan deliberadamente en no cumplir las decisiones de los organismos internacionales en materia de derechos humanos, no reconocer la competencia de los organismos especializados en esa materia, crear organismos paralelos regionales. Ese es precisamente uno de los mayores retos en esa materia, buscar las razones por las que los países no cumplen las decisiones de los organismos internacionales, darlas a conocer y lograr correctivos para buscar un orden mundial. Allí es donde el diálogo jurisdiccional toma un papel preponderante, ya que en la búsqueda de consensos y deliberaciones pueden lograrse incluso que el derecho interno adopte los correctivos o interpretaciones sobre derechos humanos sin necesidad de condena.

Lógicamente, que lo anterior se traduce en un llamado de atención a los organismos internacionales especializados en derechos humanos, quienes deben hacer un esfuerzo didáctico para explicar las bondades del sistema, incluso mayor en aquellos países donde se presentan mayor tensiones; expandir a sitios recónditos para lograr integrar a los jueces, funcionarios públicos y ciudadanos en general, eliminar los escoyos que significan la imposibilidad de que el propio afectado dependa de la CADH para que luego de varios años decida si presente una demanda ante la Corte IDH, lo que limita el derecho de acceso a la justicia en el sistema interamericano.

2. Uso del sistema interamericano de derechos humanos por parte de la SC-TSJ

Íntimamente ligado al punto anterior es el tema que he denominado como un falso dialogo entre Cortes, que se presenta cuando la SC-TSJ ha utilizado alguna de las convenciones que conforman el *corpus iuris* americano como argumento para justificar la declaratoria de incompatibilidad entre el derecho interno y el internacional. Como explicar entonces que, por un lado la SC-TSJ exhortó a la denuncia de la Convención Interamericana y declaró inejecutable algunas de las decisiones de la Corte IDH, pero en alguna de sus decisiones (anteriores y posteriores a la denuncia) aplicó una suerte de control de convencionalidad maquillado bajo una suerte de test de compatibilidad del derecho interno con el internacional para declarar la nulidad de normas internas por contrarias las convencionales internacionales sobre derechos humanos.

Para responder esa inquietud, resulta pertinente citar la sentencia de la SC-TSJ N° 1.353 de 16 de octubre de 2014, caso: *Defensoría del Pueblo*, en la que declaró parcialmente con lugar una demanda de nulidad intentada contra el artículo 46 del Código Civil, que establecía como edad mínima para contraer matrimonio al hombre en 16 años y a la mujer en 14 años, por violar el principio a la igualdad y no discriminación[222].

La importancia de ese fallo está en el razonamiento utilizado por la SC-TSJ para estimar la nulidad de la norma invocada, principalmente por la incompatibilidad entre la legislación interna (artículo 46 del Código Civil), con los Convenios Internacionales (entre ellos algunos del *corpus iuris* americano), de allí que pueda concluirse en que por vía del control concentrado de la constitucionalidad se efectuó un control de la convencionalidad, a pesar de que para la fecha de publicación del citado fallo ya se habían materializado los efectos de la denuncia de la aludida convención por parte del Gobierno venezolano. Aunado a ello, la SC-TSJ exhortó a la Asamblea Nacional para que adecuara la legislación interna a los lineamientos interpretativos pautados en la sentencia, lo que significa que por reflejo debe ajustarse al derecho internacional de los derechos humanos.

Otra sentencia de la SC-TSJ que merece la pena resaltar es la N ° 884 del 3 de noviembre de 2017, caso: *Eglims Peñuela Lovera e Irama Roral*, contra las publicaciones pornográficas del semanario deportivo conocido como El Heraldo, mediante la cual, prohibió publicar cualquier ejemplar del mencionado semanario –con efecto extensivo a otros diarios– sea este im-

---

[222] En ese fallo se lee: "En consecuencia, esta Sala declara con lugar la presente acción de constitucionalidad y anula parcialmente la norma contenida en el artículo 46 del Código Civil, por contradecir manifiestamente el artículo 21 de la Constitución de la República Bolivariana de Venezuela, y los Convenios Internacionales antes anotados, los cuales a tenor de lo dispuesto en el artículo 23 de la Constitución de la República Bolivariana de Venezuela poseen jerarquía constitucional y prevalecen en el orden interno, al establecer condicionamientos diferenciados en función del género y a la igualdad entre los futuros contrayentes; sin embargo, queda pendiente por analizar cuál de los dos parámetros utilizados por el legislador se ha de utilizar como referente igualador (....)".

preso o digital y aun por suscripción privada, de imágenes que contengan carga o contenido sexual explícito o implícito, bien sea mediante imágenes, fotos o anuncios publicitarios y remitan a direcciones electrónicas que puedan ser consultadas libremente por niños, niñas y adolescentes, por violar las recomendaciones adoptadas en el Comité de la CEDAW, el 21 de octubre de 2014, respecto al cumplimiento de la Convención sobre la Eliminación de Todas las Formas de Discriminación contra la Mujer. En dicha sentencia, la SC-TSJ, afirma expresamente que:

> El Estado tiene encomendado acatar las recomendaciones internacionales en materia de derechos de las mujeres, especialmente en lo relativo a su salud sexual y reproductiva, prohibiendo, entre otros, el manejo indebido de la figura femenina en los medios publicitarios.
> En este sentido, la República Bolivariana de Venezuela ha efectuado avances fundamentales para proteger a las mujeres, tomando en consideración precisamente el compromiso que tiene como República y como Estado Parte en los distintos pactos y tratados internacionales, de cara a la obligatoriedad en proteger a la mujer en su integridad. Así se ha podido avanzar para solventar las posibles desigualdades, eliminar las barreras institucionales, sociales, económicas, entre otras, que puedan enfrentar las mujeres.

Resulta paradójico que en la sentencia antes mencionada se acepten y cumplan las recomendaciones efectuadas por los órganos especializados en materia de protección de los derechos de niños, niñas y adolescentes, así como a la no violencia contra la mujer, pero se denuncie la CADH, se declaren inejecutables las sentencias de la Corte IDH y se nieguen los efectos de las recomendaciones o medidas de la CIDH, es decir, la SC-TSJ escoge las convenciones en materia de derechos humanos que cumple, dependiendo del caso concreto.

Recientemente la SC-TSJ resolvió en su sentencia N° 264 del 11 de abril de 2016, la solicitud de control previo de constitucionalidad, presentada por el Presidente de la República, contra la Ley de Amnistía y Reconciliación Nacional, sancionada por la Asamblea Nacional el 29 de marzo de

2016, declarando la inconstitucionalidad de la misma, por violar, legislación interna, pactos internacionales sobre derechos humanos e incluso sentencias de la Corte IDH. En dicho fallo, precisó:

> En el caso de las amnistías, resulta esclarecedor el criterio de la Corte Interamericana de Derechos Humanos contenido en la sentencia del 24 de febrero de 2011 (caso: "Gelman vs. Uruguay"), que condenó a Uruguay por la desaparición forzada de ciudadana María Claudia García Iruretagoyena de Gelman y el nacimiento en cautiverio de su hija, durante la dictadura militar en ese país, en el fallo, la Corte sostuvo que Uruguay debía remover todo impedimento que permitiera la impunidad de los responsables del hecho, ya que consideró que la Ley 15.848 de Caducidad de la Pretensión Punitiva del Estado, promulgada el 22 de diciembre de 1986, que imposibilitaba que fueran llevados a juicio quienes habían cometido graves violaciones de derechos humanos durante la dictadura militar, resultaba carente de efectos jurídicos, dada su incompatibilidad con la Convención Americana de Derechos Humanos y la Convención Interamericana sobre Desaparición Forzada de Personas, para lo cual consideró que no constituía un obstáculo para dejar sin efecto a la Ley, el hecho de que la misma fue aprobada democráticamente por el órgano legislativo (en ejercicio de la democracia representativa), y respaldada popularmente a través de dos consultas directas con la ciudadanía (como manifestaciones de la participación en el marco de la democracia directa).
>
> La Corte Interamericana de Derechos Humanos, en el apartado 238 de la referida decisión, estableció que:
>
> "[e]l hecho de que la Ley de Caducidad haya sido aprobada en un régimen democrático y aún ratificada o respaldada por la ciudadanía en dos ocasiones no le concede, automáticamente ni por sí sola, legitimidad ante el Derecho Internacional. La participación de la ciudadanía con respecto a dicha Ley, utilizando procedimientos de ejercicio directo de la democracia...se debe considerar, entonces, como hecho atribuible al Estado y generador, por tanto, de la responsabilidad internacional de aquél".
>
> Asimismo, en su considerando 239, la mencionada Corte clarificó y extendió su posición en la materia al afirmar que:
>
> "[l]a sola existencia de un régimen democrático no garantiza, per se, el permanente respeto del Derecho Internacional,

incluyendo al Derecho Internacional de los Derechos Humanos, lo cual ha sido así considerado incluso por la propia Carta Democrática Interamericana. La legitimación democrática de determinados hechos o actos en una sociedad está limitada por las normas y obligaciones internacionales de protección de los derechos humanos reconocidos en tratados como la Convención Americana".

Bajo tales argumentos, la Corte Interamericana de Derechos Humanos desestimó la validez a la Ley de Caducidad, sentando a la par de las consideraciones expuestas supra su criterio en relación con las dos consultas directas planteadas por el gobierno uruguayo a la ciudadanía de ese país, mediante un referéndum en abril de 1989 –conforme al párrafo 2 del artículo 79 de la Constitución del Uruguay– y un plebiscito sobre un proyecto de reforma constitucional el 25 de octubre del año 2009 –conforme al literal A del artículo 331 de la Constitución del Uruguay–.

El fallo de la Corte, por lo demás es cónsono con anteriores pronunciamientos en la materia, como se advierte de la lectura de los fallos en los casos: Barrios Altos vs. Perú del 2001; La Cantuta vs. Perú del 2006; Almonacid Arellano vs. Chile, del 2006; y Gomes Lund vs. Brasil, del 2010; pues dicho órgano jurisdiccional reiteró en la referida decisión de "Gelman vs. Uruguay", en considerando 226 señaló que las amnistías:

"impiden la investigación y sanción de los responsables de las violaciones graves de los derechos humanos y, consecuentemente, el acceso de las víctimas y sus familiares a la verdad de lo ocurrido y a las reparaciones correspondientes, obstaculizando así el pleno, oportuno y efectivo imperio de la justicia en los casos pertinentes, favoreciendo, en cambio, la impunidad y la arbitrariedad, afectando, además, seriamente el estado de derecho, motivos por los que se ha declarado que, a la luz del Derecho Internacional, ellas carecen de efectos jurídicos".

Como puede fácilmente observarse, la SC-TSJ, declaró inconstitucional la Ley de Amnistía y Reconciliación Nacional, por violatoria, entre otras disposiciones internas e internacionales, de la interpretación que la Corte IDH ha realizado en el caso Gelman vs Uruguay (2011) y cita los casos emblemáticos Barrios Altos vs. Perú (2001); La Cantuta vs. Perú (2006); Almonacid Arellano vs. Chile (2006); y Gomes Lund vs. Brasil (2010), sobre los cuales se sustenta gran parte de la doctrina del control de convencionalidad, es decir, declara la nulidad de una ley por inconvencional, en un franco ejercicio del control de convencionalidad, aunque no lo reconozca expresamente.

En ese orden de ideas, considero indispensable advertir que no ha sido la primera vez en que la SC-TSJ ha citado como fundamento de sus decisiones, alguna de las convenciones o pactos que conforman el *corpus iuris* americano, entre ellas debo destacar[223]:

- Sentencia N° 1.043 del 14 de agosto de 2000, caso: Haly Vladimir Villegas Poljak, declaró con lugar una acción de amparo constitucional por violación de la Convención Interamericana sobre Desaparición Forzada de Personas, en los siguientes términos: "Estas torturas y apremios (...), suelen ocurrir especialmente durante prolongados períodos de incomunicación, en los cuales el detenido carece de medios y recursos legales para hacer valer sus derechos. Es precisamente en estas circunstancias cuando el recurso de hábeas corpus adquiere su mayor importancia." (Organización de los Estados Americanos, Corte Interamericana de Derechos Humanos, Opinión Consultiva OC-8/87 del 30 de enero de 1987, El Hábeas Corpus bajo Suspensión de Garantías (Arts. 27.2, 25.1 y 7.6 Convención Americana sobre Derechos Humanos), Secretaría de la Corte, San José, 1987, pp. 20 y 21).
- Sentencia N° 256 de 14 de febrero de 2002, caso: Juan Carlos Calvo y otros, en la que conociendo de una acción de amparo constitucional, se refirió a la Conven-

[223] Me limitaré por razones de tiempo y espacio a referirme a las sentencias en las cuales la SC-TSJ ha citado normas convencionales para justificar sus decisiones. Reconozco que no son pocos los casos en los cuales la SC-TSJ ha citado sentencias del Tribunal Federal Alemán o del Tribunal Constitucional Español, lo cual encuadraría dentro de la tipología de diálogo judicial, pero ello será objeto de otro trabajo.

ción Interamericana para Prevenir y Sancionar la Tortura, en los siguientes términos: "La tortura está prohibida por el artículo 46 de la vigente Constitución, y las declaraciones producto de esta clase de violencia, son nulas, no solo por la violencia, sino por mandato de la Convención Interamericana para Prevenir y Sancionar la Tortura del 28 de febrero de 1987 (artículo 10) y de la Convención contra la Tortura y Otros Tratos o Penas Cueles, Inhumanos o Degradantes del 26 de junio de 1987 (artículo 15)".

- Sentencia N° 1.443 de 14 de agosto de 2008, caso: Consejo Nacional de Derechos del Niño y del Adolescente, en la que conociendo de una acción de interpretación constitucional de los artículos 56 y 76 de la Constitución, respecto del derecho a la identidad biológica de los niños y adolescentes, se refirió a la CADH, en los siguientes términos: "Es por estas razones que el Estado se encuentra obligado no sólo en el plano nacional sino internacionalmente, en diversos tratados internacionales suscritos y ratificados por Venezuela, a garantizar el respeto y resguardo del derecho a la identidad, como implícito al desarrollo del ser humano dentro de la sociedad y como elemento definidor de su conducta y desarrollo individual, consagrados los mismos en los artículos 19 de la Convención Americana de los Derechos Humanos, 24.2 del Pacto Internacional de Derechos Civiles y Políticos, y el Principio 3° de la Asamblea General de las Naciones Unidas, así como en los artículos 16, 17, 18, 19, 21 y 22 de la Ley Orgánica para la Protección de Niños, Niñas y Adolescentes".
- Sentencia N° 1.874 de 01 de diciembre de 2011, caso: Marylis Imelda Morocoima Carrera, en la que reconoció que la Ley sobre el Derecho de las Mujeres a una Vida Libre de Violencia "surgió como concreción de Convenios Internacionales (entre ellos el de Belem do Pará) sobre derechos humanos suscritos por la Repú-

blica para erradicar la violencia de género y disminuir la brecha de desigualdad que existe en la Sociedad venezolana entre hombres y mujeres".

- Sentencia N° 713 del 17 de junio de 2015, caso: Elías Tarbay Assad, estableció que el recurso de apelación establecido en el artículo 891 del Código de Procedimiento Civil, que prevé la inapelabilidad de las decisiones dictadas en las causas tramitadas bajo el juicio breve cuya cuantía sea inferior a 500 unidades tributarias, debía ser oídas en ambos efectos, "al resultar éste incompatible con el artículo 8, numerales 1 y 2, literal h de la Convención Americana de Derechos Humanos, el cual es de aplicación inmediata y directa, conforme a lo dispuesto en el artículo 23 de la Constitución de la República Bolivariana de Venezuela".
- Sentencia N ° 1173 del 28 de agosto de 2015, caso: Nicolás Maduro Moros, en su carácter de Presidente de la República Bolivariana de Venezuela, estableció la constitucionalidad del Decreto N° 1.950, mediante el cual se declaró el Estado de Excepción en los Municipios Bolívar, Pedro María Ureña, Junín, Capacho Nuevo, Capacho Viejo y Rafael Urdaneta del Estado Táchira, por no violentar la CRBV y "los artículos 2 y 4 del Pacto Internacional de Derechos Civiles y Políticos".
- Sentencia N ° 884 del 3 de noviembre de 2017, caso: Eglims Peñuela Lovera e Irama Roral, contra las publicaciones pornográficas del semanario deportivo El Heraldo, prohibiendo publicar cualquier ejemplar del mencionado semanario sea este impreso o digital y aun por suscripción privada, de imágenes que contengan carga o contenido sexual explícito o implícito, bien sea mediante imágenes, fotos o anuncios publicitarios y remitan a direcciones electrónicas que puedan ser consultadas libremente por niños, niñas y adolescentes, por violar las recomendaciones adoptadas en el Comité de la CEDAW, el 21 de octubre de 2014, respecto al cumplimiento de la Convención so-

bre la Eliminación de Todas las Formas de Discriminación contra la Mujer.

En abono de ese falso diálogo, la SC-TSJ ha utilizado como argumento para declarar la nulidad por inconstitucionalidad de normas internas (bien por control difuso o por control concentrado) varios tratados dentro de la CADH, es decir, que a pesar de declarar inejecutables las sentencias de la Corte IDH, reafirma los efectos de la CADH, en sus distintas convenciones (menores, violencia de género, torturas, desapariciones forzadas, etc.) en lo que calificamos como un control de convencionalidad solapado, es decir, los efectos de la denuncia de la CADH se limitan única y exclusivamente a la competencia de la Corte IDH y a la CIDH, pero el *corpus iuris* de la CADH sigue intacto y por ende todos los órganos del poder público deben cumplirlo.

Dentro del falso diálogo encontrados además que la Corte IDH en su fallo de 28 de noviembre de 2005, como *Blanco Romero y otros vs Venezuela* (desapariciones forzadas de Vargas), se condenó a Venezuela y se ordenó la modificación de su legislación interna para modificarla a los estándares internacionales en materia de desaparición forzada de personas, lo que ocurrió entre la comisión del hecho y la sentencia, con la incorporación del artículo 181-A del Código Penal venezolano, publicado en la Gaceta Oficial N° 5494 Extraordinario, el 20 de octubre de 2000.

Un caso donde puede apreciarse el impacto de la jurisprudencia de una alta Corte de Justicia foránea sobre la legislación interna, a pesar de no haber sido citada de manera directa, es la sentencia dictada el 10 de diciembre de 2009, por la Corte IDH, en el caso: *Campo Algodonero vs. México*, por violar los derechos humanos de tres mujeres desaparecidas, torturadas y asesinadas en Ciudad Juárez, que condujeron a legislar sobre el feminicidio en gran parte de la región, empezando por el propio Estado condenado, al dictar la Ley General del Acceso de las Mujeres a una Vida Libre de Violencia, vigente desde 2007, que incluye en su artículo 21 la violencia feminicida, seguido por otros países, entre los cuales se incluye Venezuela, el cual en los artículos 15 y 58 de la Ley Orgánica Sobre el Derecho de las Mujeres a una Vida Libre de Violencia, publicada en la Gaceta Oficial N° 40.548, del 25 de noviembre de 2014, define al feminicidio como "la forma extrema de violencia de género, causada por odio o desprecio a su condición de mujer, que degenera en su muerte, producida tanto en el ámbito público como privado".

En nuestro criterio, más allá del falso diálogo delatado al momento en que la SC-TSJ, exhorta a la denuncia de la CADH, declara inejecutables o no obligatorias las decisiones de la CIDH y la Corte IDH, pero usa las normas e interpretaciones propias del sistema interamericano de derechos humanos para ejercer control concentrado o difuso de constitucionalidad, se aprecia que el *ius cogens* se impone por encima de aquellas pretensiones del algunos países de aislamiento o desconocimiento del impacto que tiene el derecho internacional de los derechos humanos, ya que es inmanente a la dignidad del ser humano y a los valores universalmente aceptados.

3. Reparación, condenas y cumplimiento de sentencias de la Corte IDH contra Venezuela

Una fuente directa donde recientemente se ha producido un diálogo, nada pacífico, entre la Corte IDH y la SC-TSJ, es en los autos de cumplimiento de las sentencias dictadas por la Corte IDH contra Venezuela[224], a propósito de las declaratorias de inejecutabilidad o simplemente la omisión de ejecutarlas por parte del Estado condenado.

Para ello, elaboramos un listado donde se especifican todas las condenas por violación de derechos humanos y los autos de seguimiento que han sido proferidos para comprobar su ejecución:

---

[224] Todas las decisiones de la Corte IDH pueden ser consultadas en: http://www.corteidh.or.cr/CF/Jurisprudencia2/ busqueda_supervision_cumplimiento.cfm

- Caso El Amparo vs Venezuela. Sentencia reparatoria del 18/1/1995 y 14/9/1996 y autos de cumplimiento del 20/11/2015, 20/2/2012, 4/4/2010, 18/12/2009, 4/7/ 2006, 28/11/2002.
- Caso Caracazo vs Venezuela. Sentencia reparatoria del 11/11/1999 y 29/8/2002 y autos de cumplimiento del 23/9/2009, 6/7/2009, 20/5/2009, 17/11/2004.
- Caso Blanco Romero y otros vs Venezuela. Sentencia reparatoria del 28/11/2005 y autos de cumplimiento del 20/11/2015, 22/11/2011, 7/7/2009, 18/05/2009.
- Caso Montero Aranguren y otros (Retén de Catia) vs Venezuela. Sentencia reparatoria 5/7/2006 y autos de cumplimiento del 20/11/2015, 30/11/2011, 17/11/2009, 4/8/2009.
- Caso Apitz Barbera y otros ("Corte Primera de lo Contencioso Administrativo") vs. Venezuela. Sentencia reparatoria 5/8/2008 y autos de cumplimiento 23/11/2012, 18/12/ 2009.
- Caso Ríos y otros vs Venezuela. Sentencia reparatoria 28/01/2009 y autos de cumplimiento 20/11/2015.
- Caso Perozo y otros vs. Venezuela. Sentencia reparatoria 28/1/2009 y autos de cumplimiento 20/11/2015.
- Caso Reverón Trujillo vs. Venezuela. Sentencia reparatoria 30/6/2009 y autos de cumplimiento 20/11/2015.
- Caso Barreto Leiva vs. Venezuela. Sentencia reparatoria 17/11/2009 y autos de cumplimiento 20/11/2015.
- Caso Usón Ramírez vs. Venezuela. Sentencia reparatoria 20/11/2009 y autos de cumplimiento 20/11/2015.
- Caso Chocrón Chocrón vs. Venezuela. Sentencia reparatoria 1/7/2011 y autos de cumplimiento 20/11/2015.
- Caso López Mendoza vs. Venezuela. Sentencia reparatoria 1/9/2011 y autos de cumplimiento 20/11/2015.

- Caso Familia Barrios vs. Venezuela. Sentencia reparatoria 24/11/2011 y autos de cumplimiento 23/2/2016.
- Caso Díaz Peña y otros vs. Venezuela. Sentencia reparatoria 26/7/2012 y autos de cumplimiento 20/11/2015.
- Caso Uzcátegui y otros vs. Venezuela. Sentencia reparatoria 3/9/2012 y autos de cumplimiento 20/11/2015.
- Caso Hermanos Landaeta Mejías y otros vs. Venezuela. Sentencia reparatoria 20/8/2014.
- Caso Granier y otros (Radio Caracas Televisión) vs. Venezuela. Sentencia reparatoria 22/6/2015.

De todos esos autos de cumplimiento vale la pena citar los dictados el 23 de noviembre de 2012, en el caso Apitz Barbera y otros vs Venezuela y el 20 de noviembre de 2015, en el caso Leopoldo López vs Venezuela, donde hacen una clara exposición de las obligaciones convencionales contraídas por los Estados partes de cumplir las sentencias dictadas por la Corte IDH, conforme lo prevén los artículos 1, 2, 65 y 68 de la CADH y los artículos 26 y 27 de la Convención de Ginebra sobre el Derecho de los Tratados de 1969.

En ese auto de cumplimiento del 23 de noviembre de 2012, la Corte IDH, sostiene en el punto 4, en directa alusión a la declaratoria de inejecutabilidad por parte de la SC-TSJ y de los alegatos de incompatibilidad con el derecho interno, lo siguiente:

> En suma, para este Tribunal, el Estado no puede oponer como justificación de su incumplimiento una decisión de un tribunal interno, aun cuando sea el tribunal de más alta jerarquía en el ordenamiento jurídico nacional. Es más, la existencia de una decisión a nivel interno, como la sentencia del Tribunal Supremo, que considere que el Fallo emitido por la Corte Interamericana es inejecutable, desconoce los principios básicos de derecho internacional sobre los cuales se fundamenta la implementación de la Convención Americana (supra Considerandos 21 a 26). El incumplimiento manifiesto

> expresado por medio de la Sentencia del Tribunal Supremo de Justicia impide el efecto útil de la Convención y su aplicación en el caso concreto por su intérprete último. Del mismo modo, desconoce el principio de cosa juzgada internacional sobre una materia que ya ha sido decidida, y deja sin efecto y hace ilusorio el derecho al acceso a la justicia interamericana de las víctimas de violaciones de derechos humanos, lo cual perpetúa en el tiempo las violaciones de derechos humanos que fueron constatadas en la Sentencia. Por tanto, conforme al Derecho Internacional que ha sido democrática y soberanamente aceptado por el Estado venezolano, es inaceptable, que una vez que la Corte Interamericana haya emitido una Sentencia el derecho interno o sus autoridades pretendan dejarla sin efectos.

En ese orden de ideas, el auto de cumplimiento dictado el 20 de noviembre de 2015, en el caso Leopoldo López vs Venezuela, la Corte IDH, hace un llamado de atención a la actitud de la SC-TSJ sobre el incumplimiento de las obligaciones del Estado venezolano de ejecutar las obligaciones convencionales, en los siguientes términos:

> En este sentido, el incumplimiento manifiesto expresado por medio de la decisión del Tribunal Supremo de Justicia impide el efecto útil de la Convención y su aplicación en el caso concreto por su intérprete último. Del mismo modo, desconoce el principio de cosa juzgada internacional sobre una materia que ya ha sido decidida, y deja sin efecto y hace ilusorio el derecho al acceso a la justicia interamericana de las víctimas de violaciones de derechos humanos, lo cual perpetúa en el tiempo las violaciones de derechos humanos que fueron constatadas en la Sentencia. Por tanto, conforme al Derecho Internacional que ha sido democrática y soberanamente aceptado por el Estado venezolano, es inaceptable, que una vez que la Corte Interamericana haya emitido una Sentencia, el derecho interno o sus autoridades pretendan dejarla sin efectos.

Igual consideración merece la Resolución de la Corte IDH de 29 de junio de 2005, sobre Supervisión de cumplimiento de sentencias, es decir, la aplicabilidad del artículo 65 de la CADH, en la que con absoluta claridad las decisiones de ese órgano deben ser cumplidas por aplicación del principio *pacta sunt servanda* y no puede alegarse contradicción con el derecho interno.

Debemos resaltar como evidencia del diálogo judicial, que la Corte IDH en los citados autos de seguimiento, alude a sentencias dictadas por altas cortes nacionales de otros países integrantes del bloque interamericano, que expresamente han reconocido la obligatoriedad del cumplimiento de las decisiones, colocándolas en un rango constitucional e incluso supraconstitucional, convirtiéndose en un mandato obligatorio para los jueces que la deben aplicar por encima del derecho interno. Por supuesto, como prueba de un falso diálogo tenemos las constantes menciones a las sentencias de la SC-TSJ donde declaran inejecutables las sentencias de la Corte IDH y sus respuestas sobre ese incumplimiento.

En este punto, proponemos que como fórmula de resolución de ese diálogo sin interlocutores que se escuchen, se debe hacer un esfuerzo de acercamiento para entender las razones que han justificado la adopción de las decisiones encontradas. En Venezuela debe darse un arduo debate para explicar las bondades y debilidades del control de convencionalidad y del sistema interamericano de protección de los DDHH, ya que es un tema que tiene pocos años en el foro académico y ninguno (salvo algunas voces aisladas) en mi país. En el fondo se trata de lograr un entendimiento entre órganos con visiones distintas.

Consideramos que en el seguimiento de las sentencias condenatorias contra Venezuela por parte de la Corte IDH, se produce un diálogo que busca, a falta de fuerza ejecutoria de esos fallos, intentar que los cumplan voluntariamente como consecuencias de las obligaciones internacionalmente asumidas. Ese diálogo no necesariamente es constructivo, por el contrario, suelen presentarse tensiones donde destacan los disensos entre los organismos internacionales y los nacionales.

II. DIÁLOGO CONFLICTIVO DE LA SC-TSJ Y LA SALA CONSTITUCIONAL DE COSTA RICA

Podemos decir con claridad que no existe diálogo entre la SC-TSJ y la Sala Constitucional de Costa Rica, ya que no hemos encontrado ninguna decisión que permita corroborar siquiera mención alguna de alguna de ellas.

A pesar de ello, traemos a colación las opiniones adicionales y concurrentes de algunos Magistrados de la Sala Constitucional de la Corte Suprema de Costa Rica, en el Expediente 15-008391-0007-CO, Resolución N° 2015011568, con ocasión del Recurso de *Habeas Corpus* que intentó la defensa de un ciudadano Venezolano-Croata para evitar su extradición a Venezuela.

En ese fallo justiciaron la negativa de extradición de un ciudadano a Venezuela, por los siguientes motivos:

> 1. El hecho que Venezuela haya denunciado la Convención Americana de Derechos Humanos constituye una amenaza grave al respeto efectivo de los derechos fundamentales. Un país que adopta una política que reduce los instrumentos que tutelan derechos fundamentales, tanto en su dimensión individual como social, no brinda las garantías y la confianza que requiere un proceso de extradición (...)[225].

Ya hemos dicho que en la mayoría de los casos el diálogo jurisdiccional tiene por finalidad lograr esa ansiada uniformidad en el tratamiento de aspectos medulares sobre los derechos humanos, en otros sirve como prevención ante futuras regulaciones internas de aspectos previamente resueltos. En todo caso, el diálogo judicial es necesario y aunque en la mayoría de las veces es positivo, en algunos casos sirve como alerta o llamados de atención.

En el caso que hemos citado, la Sala Constitucional de Costa Rica se negó a procesar una solicitud de extradición hacía Venezuela, producto de la violación de los derechos huma-

---

[225] Se puede consultar en: http://jurisprudencia.poder-judicial.go.cr/SCIJ_PJ/busqueda/jurisprudencia/jur_Documento.aspx?param1=Ficha_Sentencia&nValor1=1&cmbDespacho=0007&txtAnno=2015&strNomDespa-cho=Sala%20Constitucional&nValor2=644651&lResultado=1&lVolverIndice=In-diceDespSent&param01=Sentencias%20por%20Despacho& pa-ram2=60&strTipM=T&strDirSel=directo.

nos que generó la denuncia de la CADH, propiciada por el exhorto de la SC-TSJ a realizarlo en su continua jurisprudencia que ha declarado inejecutable las sentencias de la Corte IDH o no vinculantes las medidas de la CIDH.

III. LOS USOS DE LA JURISPRUDENCIA DE LAS ALTAS CORTES FORÁNEAS POR PARTE DE LA SC-TSJ

En este punto abordaremos el uso de la jurisprudencia de los Tribunales, Cortes o Salas Constitucionales extranjeras, así como de las altas Cortes de Justicia que hagan sus veces, por parte de la SC-TSJ, con la finalidad de precisar sí existen o no, parámetros que permitan evidenciar algún tipo de diálogo o simplemente sirven como argumentos para adornar sus fallos.

1. Tribunal Constitucional Español

El caso del Tribunal Constitucional es totalmente diferente a todas las otras altas cortes foráneas, por la influencia directa que tiene en la jurisprudencia de la SC-TSJ. En efecto, encontramos 552 sentencias del Tribunal Constitucional español, citadas por la SC-TSJ, de las cuales escogimos 58, que agrupamos por materia, dado que algunas desarrollan algún derecho desde la más variada óptica que impone el asunto allí debatido.

Procederemos a elaborar un listado donde se evidenciará la materia, el número y fecha de sentencia de la ST-TCS donde es citada, el número y fecha de la sentencia de la Corte Constitucional que es usada como argumento y una breve descripción.

- Fallo de SC/TSJ N° 23 del 19/1/2007 (Acción de amparo constitucional). Cita la sentencia STC 49/1992, de 2 de abril y STC 72/1992, de 13 de mayo, del siguiente modo: "Es decir, tal subsidiariedad sólo permite acudir a la vía del amparo cuando se ha intentado sin satisfacción la defensa de los derechos y libertades ante los tribunales ordinarios".
- Fallo de SC/TSJ N° 14 del 15/2/2014 (Beneficios penales). Cita la sentencia STC 48/1996, de 25 de marzo de 1996 del siguiente modo: "(...) el penado padezca una

enfermedad grave o en fase terminal, previo diagnóstico de un especialista, debidamente certificado por un médico forense (...)", toda vez que estos supuestos excepcionales de la libertad condicional no tienen "(...) otro significado que el estrictamente humanitario de evitar que las penas privativas de libertad multipliquen sus efecto aflictivos perdurando cuando el recluso, bien a causa de su edad avanzada, bien a causa de un padecimiento muy grave de pronóstico fatal, se encuentra ya en el período Terminal de su vida (...)"

- Fallo de SC/TSJ N° 285 del 4/3/2004 (Bienes públicos). Cita la sentencia de 29 de noviembre de 1988 del siguiente modo: "El bien de dominio público es así, ante todo, res extra commercium y su afectación, que tiene esa eficacia esencial, puede perseguir distintos fines".
- Fallo de SC/TSJ N° 1397 del 21/11/2000 (Capacidad Contributiva). Cita la sentencia N° 27/81 del 20 de julio del siguiente modo: "[c]apacidad económica, a efectos de contribuir a los gastos públicos, significa la incorporación de una exigencia lógica que obliga a buscar la riqueza allí donde la riqueza se encuentra".
- Fallo de SC/TSJ N° 2495 del 19/12/2006 (Concurrencia de potestades). Cita la sentencia N° 71/1983,111/1986, 149/1991, 228/1988 del siguiente modo: "c) en virtud de la concurrencia de ciertas potestades en los tres niveles territoriales de ejercicio del Poder Público, o de potestades que en exclusiva le competan a la República, como la política comercial, le están atribuidas a los órganos centrales (explícita o implícitamente) potestades que comprenden la facultad de dictar disposiciones normativas vinculantes".
- Fallo de SC/TSJ N° 1117 del 26/05/2004 (Control político). Cita la sentencia N° 71/1983,111/1986, 149/1991, 228/1988 del siguiente modo: "El Tribunal no podría, sin traspasar las fronteras de su función, y a la vez de

su responsabilidad, inmiscuirse en la decisión del gobierno, pues si así se hiciera quedarían alterados los supuestos del orden constitucional democrático (...)".

- Fallo de SC/TSJ N° 1942 del 15/7/2002 (Delito de Vilipendio e injuria). Cita la sentencia N° 71/1983,111/1986, 149/1991, 228/1988 del siguiente modo: "6. Cierto que conforme a la doctrina de este Tribunal la tutela del derecho al honor se debilita, proporcionalmente, como límite externo de las libertades de expresión e información cuando sus titulares ejercen funciones públicas, como es el caso, o resultan implicadas en asuntos de relevancia pública, estando obligadas por ello a soportar un cierto riesgo de que sus derechos fundamentales al honor, a la intimidad y a la propia imagen resulten afectados por opiniones o informaciones de interés general".
- Fallo de SC/TSJ N° 515 del 30/5/2000, N° 1661 del 30/10/2008, N° 2722 del 4/11/2002, N° 926 del 1/6/2006 (Derecho a la defensa). Cita la sentencia N° 48/86 de 26 de abril, 123/189 de 6 de julio, 4/1982 de 8 de febrero, 170/1999, del 27 de septiembre, S. 98/92, de 22 de junio, FJ 3, STC 124/1994, FJ2 SSTC 145/1990 del siguiente modo: "En suma, cabe afirmar que el contenido esencial del derecho fundamental que, para el justiciable, representa la garantía constitucional de la defensa en el proceso, estriba en la posibilidad, normativamente tutelada, de obrar y controvertir en los procesos en que haya de juzgarse sobre sus intereses in concreto".
- Fallo de SC/TSJ N° 1999 del 22/7/2003 (Derecho a la igualdad y a la no discriminación). Cita la sentencia T.C. N° 42/93 de 8 de febrero, del siguiente modo: "...las discrepancias de fallos que resuelven casos idénticos producen vulneración del principio de igualdad cuando se produce la concurrencia de una serie de requisitos. Por un lado, que las decisiones supuestamente contradictorias las hubiese dictado el mismo

Juzgado, que recaigan sobre casos idénticos y, por último, que la decisión supuestamente contradictoria se aparte de alguna doctrina anterior sin ninguna justificación al respecto".

- Fallo de SC/TSJ N° 1736 del 25/6/2003 (Derecho al medio ambiente). Cita la sentencia 66/1991, del siguiente modo: "En el mandato de velar por la utilización racional de todos los recursos naturales, este Tribunal ha acertado a ver una limitación para el derecho de propiedad (....), que igualmente puede operar respecto a otros derechos o principios constitucionales".
- Fallo de SC/TSJ N° 1287 del 28/6/2006 (Derecho a ser oído). Cita la sentencia STC 199/1996, de 3 de diciembre, del siguiente modo: "A mayor abundamiento, y también siguiendo la jurisprudencia del Tribunal Constitucional español, debe señalarse que si bien el derecho a utilizar los medios de prueba pertinentes protege especialmente a quien tiene la cualidad de acusado en el proceso penal, no es menos cierto que en el caso del acusador particular, sus alegaciones vinculadas al derecho a la prueba deben ser examinadas en el contexto más amplio de su derecho a la tutela judicial efectiva".
- Fallo de SC/TSJ N° 898 del 13/5/2002 (Derecho de participación). Cita la sentencia STC 212/1993, del siguiente modo: "...de tal modo que la situación subjetiva así reconocida lo es uti cives y no a favor de cualquiera categoría de personas (profesionalmente delimitadas, por ejemplo)" (por lo que) "...de acuerdo con la doctrina de este Tribunal que aquí ha quedado expuesta, la condición de miembro de la Junta de Gobierno de la Facultad de Derecho de Valladolid no es un cargo público de representación política, ni corresponde –como es obvio– al Estado ni a los entes territoriales en que éste se organiza".

- Fallo de SC/TSJ N° 1111 del 1/8/2013 (Derecho al sufragio). Cita la sentencia STC 26/1990, FJ 6°, del siguiente modo: "....la conservación de los actos dictados por las autoridades electorales, en la medida en que son reflejo de esa voluntad expresada por los electores, debe guiar la labor de los órganos electorales y judiciales a quienes corresponda controlar las actuaciones y actos de naturaleza electoral".
- Fallo de SC/TSJ N° 392 del 14/5/2002. N° 607 del 21/4/ 2004; N° 2461 del 28/11/2001 (Doble instancia). Cita la sentencia STC 26/1990, FJ 6°, del siguiente modo: "En suma, el derecho a los recursos es un derecho fundamental que se encuadra en el más amplio derecho a la tutela judicial efectiva".
- Fallo de SC/TSJ N° 34 del 25/1/2001, N° 1324 del 4/7/2006; (Ejecución de sentencia). Cita la sentencia STC 32/1982, FJ 2, 152/1990 del 4 de octubre del siguiente modo: "Que el derecho a la ejecución de la sentencia forma parte del derecho a la tutela judicial efectiva es cosa que se explica por sí misma".
- Fallo de SC/TSJ N° 1318 del 4/8/2011, (Habeas data). Cita la sentencia 292/2000 del siguiente modo: "el contenido del derecho fundamental a la protección de datos consiste en un poder de disposición y de control sobre los datos personales que faculta a la persona para decidir cuáles de esos datos proporcionar a un tercero, sea el Estado o un particular, o cuáles puede este tercero recabar, y que también permite al individuo saber quién posee esos datos personales y para qué, pudiendo oponerse a esa posesión o uso".
- Fallo de SC/TSJ N° 1225 del 19/11/2000, N° 2575 del 10/10/2002; N° 952 del 29/4/2003; N° 2855 del 20/11/2002; N° 1582 del 21/10/2008 (Interpretación Constitucional). Cita la sentencia 2/2/1981; 38/1981; 1308/1987; 9/81; STC 5/81/6; 166/1998/ de 15 de julio del siguiente modo: "Así como frente a las leyes post-

constitucionales el Tribunal ostenta un monopolio para enjuiciar su conformidad con la Constitución, en relación a las preconstitucionales los jueces y Tribunales deben inaplicarlas si entienden que han quedado derogadas por la Constitución, al oponerse a la misma; o pueden, en caso de duda, someter este tema al Tribunal Constitucional por la vía de la cuestión de inconstitucionalidad".

- Fallo de SC/TSJ N° 1718 del 27/11/2013, N° 1260 del 1/8/2008; (Juez natural e imparcial). Cita la sentencia 138/1991 de 20 junio; 145/1988 del 12 de julio; 47/1983 del 31 de mayo del siguiente modo: "La acumulación de las funciones instructora y juzgadora es inconstitucional pues afecta la imparcialidad objetiva y a la imagen externa del Juez y el derecho a un Juez imparcial es sin duda una garantía fundamental de la Administración de Justicia en un Estado de Derecho...".
- Fallo de SC/TSJ N° 462 del 6/4/2001, (Jurisdicción constitucional). Cita la sentencia 50/1984 del siguiente modo: "La doctrina de esta sentencia se resume así: La distinción entre la jurisdicción constitucional y la ordinaria no puede ser establecida refiriendo la primera al plano de la constitucionalidad y la jurisdicción ordinaria al de la simple legalidad, pues la unidad del ordenamiento y la supremacía de la Constitución no toleran la consideración de ambos planos como si fueran mundos distintos e incomunicables".
- Fallo de SC/TSJ N° 2254 del 13/11/2001, (Libertad económica). Cita la sentencia 227/93 del 9 de julio del siguiente modo: "La libertad de empresa no ampara un derecho incondicionado a la instalación de cualesquiera establecimientos comerciales en cualquier espacio y sin sometimiento alguno al cumplimiento de requisitos y condiciones".
- Fallo de SC/TSJ N° 1013 del 12/6/2001, (Libertad de expresión). Cita la sentencia caso Vinader (105/83)

STC 6/1988, SSTC 171/1990, 143/1991, 15/1993 del siguiente modo: "Cuando la Constitución requiere que la información sea 'veraz' no está tanto privado de protección a las informaciones que pueden resultar erróneas –o sencillamente no probadas en juicio– cuando estableciendo un específico deber de diligencia sobre el informador a quien se le puede y debe exigir que lo que transmita como 'hechos' haya sido objeto de previo contraste con datos objetivos, privándose, así, de la garantía constitucional a quien, defraudando el derecho de todos a la información actúe con menosprecio de la veracidad o falsedad de lo comunicado".

- Fallo de SC/TSJ N° 1277 del 13/8/2008, (Libertad religiosa). Cita la sentencia STC 128/2001 del siguiente modo: "Asimismo, se aprecia que en la exteriorización de dicho derecho, el mismo encuentra su configuración positiva, la cual se ha denominado en la jurisprudencia del Tribunal Constitucional Español como 'asistencial o prestacional' (Vid. STC 128/2001), la cual se configura en las medidas necesarias que debe adoptar el Estado para facilitar la asistencia religiosa a los profesantes de dicho culto y/o religión dentro de los establecimientos bajo su dependencia, así como el deber de asegurar la integridad de los mencionados cultos cuando exista riesgo de amenaza o de alteración contra los mismos".

- Fallo de SC/TSJ N° 1520 del 8/8/2008, (Libertad sindical). Cita la sentencia STC 38/1981 del siguiente modo: "La garantía de inamovilidad sindical es parte del núcleo esencial de la libertad sindical; de allí que su infracción acarree la nulidad del despido por inconstitucional".

- Fallo de SC/TSJ N° 968 del 5/6/2001, (Libre desarrollo de la personalidad). Cita la sentencia STC 93/1992. FJ 8° del siguiente modo: "....alude al derecho antes referido en los términos de libre desarrollo de la personalidad como el principio general de libertad, consagrado en la Constitución Española en los artículos 1.1 y 10.1, que autoriza a los ciudadanos a llevar a cabo todas aquellas actividades que la ley no prohíba o cuyo ejercicio no subordine a requisitos o condiciones determinadas".

- Fallo de SC/TSJ N° 1120 del 10/7/2008, (Motivación de sentencia). Cita la sentencia 237/1997 del 22 de diciembre; 236/1991 de 22 de diciembre; STC 184/1992, del 16 de noviembre; N° 172/1994; N° 175/1992 del 2 de noviembre del siguiente modo: "Ahora bien, uno de los requisitos que debe cumplir la motivación de toda decisión judicial, es la RACIONALIDAD, la cual implica que la sentencia debe exteriorizar un proceso de justificación de la decisión adoptada que posibilite el control externo de sus fundamentos, y además, que para tal justificación se utilicen argumentos racionales, es decir, argumentos válidos y legítimos, ya que deben articularse con base en los principios y normas del ordenamiento jurídico vigente, y en los conocimientos desarrollados por la comunidad científica".

- Fallo de SC/TSJ N° 238 del 20/2/2002, (Nom bis in ídem). Cita la sentencia STC 93/1992. FJ 8° del siguiente modo: señaló que "...el ámbito del non bis in ídem comienza y termina en que autoridades del mismo orden, a través de procedimientos distintos, sancionen repetidamente una conducta. El non bis in ídem solo es admisible cuando se pretende sancionar de nuevo, desde la misma perspectiva de defensa social, unos mismos hechos".

- Fallo de SC/TSJ N° 1912 del 15/12/2014, (Objeción de conciencia). Cita la sentencia 154/2002 del siguiente modo: "En todo caso, y partiendo también de las consideraciones anteriores, no hay datos suficientes de los que pueda concluirse con certeza -y así lo entienden las Sentencias ahora impugnadas- que el menor fallecido, hijo de los recurrentes en amparo, de trece años de edad, tuviera la madurez de juicio necesaria para asumir una decisión vital, como la que nos ocupa. Así pues, la decisión del menor no vinculaba a los padres respecto de la decisión que ellos, a los efectos ahora considerados, habían de adoptar".

- Fallo de SC/TSJ N° 1565 del 11/6/2003, (Plazo razonable). Cita la sentencia 5/1985 del 23 del siguiente modo: "La complejidad del litigio, la conducta de los litigantes y de las autoridades y las consecuencias que del litigio presuntamente demorado se siguen para las partes son, ciertamente, criterios desde los que debe llenarse de contenido el concepto del 'plazo razonable'".
- Fallo de SC/TSJ N° 266 del 17/2/2006, (Política penitenciaria). Cita la sentencia STC 75/1998, de 31 de marzo; STC 19/1988 de 16 de febrero del siguiente modo: "Reiteradamente ha declarado el TC que el art. 25.2 CE no contiene un derecho fundamental a la reinserción social, sino un mandato al legislador para orientar la política penal y penitenciaria, para que en la dimensión penitenciaria de la pena privativa de libertad se siga una orientación encaminada a esos objetivos, sin que sea su única finalidad".
- Fallo de SC/TSJ N° 746 del 11/8/2016, (Potestad sancionatoria de la administración). Cita la sentencia STC 77/1983, de 3 de octubre; del siguiente modo: "... establece como uno de los 4 límites b) la interdicción de las penas privativas de libertad, a las que puede llegarse de modo directo o indirecto a partir de las infracciones sancionadas".
- Fallo de SC/TSJ N° 492 del 1/4/2008; N° 708 10/5/2001; N° 580 30/3/2007, (Presunción de inocencia). Cita la sentencia STC 47/2000 de 17 de febrero, STC 33/1999 de 8 de marzo; STC 128/1995 de 26 de julio; 76/1990; 138/1990; 107/1083 de 29 de noviembre, de 3 de octubre; del siguiente modo: "En este

orden de ideas, y como lo ha afirmado el Tribunal Constitucional español, la privación preventiva de la libertad se sitúa entre el deber estatal de perseguir eficazmente el delito y el deber estatal de asegurar el ámbito de libertad del ciudadano".

- Fallo de SC/TSJ N° 1443 del 14/8/2008, (Presunción de paternidad matrimonial). Cita la sentencia 138/2005, del siguiente modo: "[h]istóricamente los problemas de la determinación de la filiación, particularmente en cuanto a la paternidad (mater semper certa est), han tenido su razón de ser en la naturaleza íntima de las relaciones causantes del nacimiento y en la dificultad de saber de qué relación concreta, si las hubo con diferentes varones, derivó la gestación y el nacimiento correspondiente. Ello ha justificado, en beneficio de la madre y del hijo, el juego de presunciones legales, entre ellas la de paternidad matrimonial (pater is quem nuptiae demonstrant) y las restricciones probatorias que han caracterizado al Derecho de filiación".
- Fallo de SC/TSJ N° 759 del 20/7/2000, (Principio anticonformista). Cita la sentencia 90/1983 del 7 de noviembre; 117/1986, de 13 de octubre; SSTC 11/1988; 65/1993, del siguiente modo: "Ya que constitucionalmente no son admisibles aquellos obstáculos que pueden estimarse excesivos, que sean producto de un innecesario formalismo y que no se compaginen con el derecho a la justicia o que no aparezcan justificados y proporcionados conforme a las finalidades para las que se establecen, que deben ser, en todo caso, adecuadas al espíritu constitucional, siendo en definitiva el juicio de razonabilidad y proporcionalidad el que resulta trascendente".
- Fallo de SC/TSJ N° 1744 del 9/8/2007, (Principio de legalidad). Cita la sentencia STC 156/1996, de 14 de octubre; STC 101/1988, de 8 de junio, del siguiente modo: "El principio de legalidad penal es una garantía inhe-

rente al Estado de Derecho, que impone, por razones de seguridad jurídica y de legitimidad democrática de la intervención penal, la estricta sujeción de Jueces y Tribunales al dictado de las leyes que describen delitos e imponen penas y exige la existencia de preceptos jurídicos que permitan predecir con el suficiente grado de certeza qué conductas se hallan prohibidas y qué responsabilidad y, en su caso, qué sanción comporta su realización".

- Fallo de SC/TSJ N° 3562 del 29/11/2005, N° 1912 del 11/7/2003 (Procesos sin dilaciones). Cita la sentencia 133/1998, STC 36/1984, del siguiente modo: "...el carácter razonable (o irrazonable) de la duración de un procedimiento debe apreciarse teniendo en cuenta las circunstancias de la causa y considerando una serie de criterios, como son los de la complejidad del asunto, la conducta de los reclamantes, la conducta de las autoridades implicadas y las consecuencias que de la demora se siguen para los litigantes"; así como "los márgenes ordinarios de duración de los litigios del mismo tipo".
- Fallo de SC/TSJ N° 10 del 1/3/2016, (Reserva de expediente). Cita la sentencia 133/1998, STC 36/1984, del siguiente modo: "...el carácter público del proceso tiene por límite el respeto a la intimidad" y "el derecho a un proceso público tiene por límite la protección de la vida privada de las partes cuando esté así lo exija, y, para tal protección los terceros podrán ser excluidos de la totalidad o parte del juicio, pues el derecho a la intimidad y a la privacidad (...) constituye un límite a la privacidad del proceso".
- Fallo de SC/TSJ N° 982 del 6/6/200, N° 2641 del 23/10/2002; N° 1898 del 22/07/2005 (Seguridad jurídica). Cita la sentencia TC 22/92 del 14 de febrero, 189/1990, 55/2000 del 28 de febrero 2000 del siguiente modo: "En este sentido, el Tribunal Constitucional español ha declarado que no puede pretender

beneficiarse en vía de amparo constitucional quien ha demostrado una total pasividad y ha incurrido en una notoria falta de diligencia procesal y de colaboración con la administración de justicia".

- Fallo de SC/TSJ N° 2.465 del 15/10/2002 (Vicios de la sentencia). Cita la sentencia 187/2000 del 10 de julio, del siguiente modo: "Para este Supremo Tribunal, la incongruencia omisiva de un fallo impugnado a través de la acción de amparo constitucional debe ser precedida de un análisis pormenorizado y caso por caso de los términos en que ha sido planteada la controversia, a los fines de constatar que la cuestión que se dice imprejuzgada fue efectivamente planteada".

Consideramos que, en el caso del Tribunal Constitucional español si se puede calificar de un diálogo unidireccional o monólogo, por parte de la SC-TSJ, al momento en que el grupo duro de los derechos y asuntos debatidos, son resueltos con citas de ese tribunal extranjero, impactando de manera directa en el ordenamiento jurídico interno.

2. Tribunal Constitucional Federal Alemán

Respecto de la jurisprudencia del Tribunal Federal Constitucional Alemán citada por la SC-TSJ, encontramos sólo 1 sentencia que menciona al menos el nombre del caso, que no la fecha en que se produjo, de un grupo de 39 sentencias que simplemente lo mencionan, sin indicar ningún otro dato que permita ubicarlas.

En el listado siguiente se pueden observar las mencionadas sentencias y la materia sobre la cual recae su traslado:

- Fallo de SC/TSJ N° 1013 del 12/6/2001 (Libertad de expresión). Cita la sentencia caso: Richard Schmid vs Der Spiegel, del siguiente modo: "El Tribunal Constitucional Federal Alemán, en el caso 'Richard Schmid vs Der Spiegel' expuso: 'las declaraciones publicadas en la prensa, formuladas como réplica a un ataque en la prensa y a su impacto en la opinión pública, caían bajo el ámbito del derecho fundamental a la libertad de expresión...' (Tribunales Constitucionales Europeos y Derechos Fundamentales. Ob. at. p. 359), considerando como réplica, la respuesta dada en otro medio distinto al agraviante".

No existen parámetros que permitan afirmar la existencia de algún tipo de diálogo entre el Tribunal Federal Constitucional Alemán y la SC-TSJ, más allá de un intento por esta última de adornar sus fallos, con supuestas citas de sentencias de aquella, pero que no se toma siquiera el tiempo de precisar el número de caso o la fecha.

3. Corte Suprema de los Estados Unidos de Norteamérica

Luego de analizar la jurisprudencia de la SC-TSJ, encontramos que sólo en 5 ocasiones ha citado alguna sentencia de la Corte Suprema de los Estados Unidos de Norteamérica, 1 de ellas en un voto salvado, 2 con fines informativos acerca de los orígenes del control difuso en 1803, mediante el muy conocido caso *Marbury vs. Madison* y las otras 2 como argumentos de autoridad para resolver asuntos vinculados con el derecho a la libertad de expresión y al arbitraje como mecanismo de resolución alternativa de controversias.

En el listado siguiente se pueden observar las mencionadas sentencias y la materia sobre la cual recae su traslado.

- Fallo de SC/TSJ N° 1415 del 22/11/2000 (Orígenes del Constitucionalismo). Cita la sentencia caso: Marbury vs Der Madison del siguiente modo: "Bajo estas premisas fue que se produjo la sentencia recaída en el caso Marbury v. Madison, 5 U. S. (1 Granch), 137 (1803), de la Corte Suprema de Estados Unidos de América, dictada por el juez John Marshall, sobre la cual fue sentada la doctrina de la vinculación normativa constitucional, incluso, respecto a las leyes dictadas por el Poder Federal de aquel país".

- Fallo de SC/TSJ N° 197 del 16/1/2001 (Control difuso). Cita la sentencia caso: Marbury vs Der Madison del siguiente modo: "En la técnica de la interpretación constitucional se debe evitar la interpretación estricta y literal, porque siendo la Constitución el instrumento regulador de la organización del Estado y de los límites de los poderes públicos, y el que reconoce los derechos fundamentales de la persona frente al mismo Estado, sus normas son más fuentes generales que reglas particulares. Así se ha dicho por la jurisprudencia fundadora de la interpretación de la supremacía constitucional, que en la Constitución existe un derecho original, representado por los principios que el pueblo al adoptar su Texto Fundamental quiso orientar su gobierno, y que por eso son permanentes, y que también deben ser los que han de privar en la técnica de la interpretación constitucional a la hora de confrontar aquel Texto con la Ley".
- Fallo de SC/TSJ N° 1013 del 12/6/2001 (Libertad de expresión). Cita la sentencia caso: New York Times vs Sullivan del siguiente modo: "Dichas informaciones pueden ser erradas, y conculcarían los derechos personales de naturaleza constitucional, cuando se difunden con conocimiento de que eran falsas o con indiferencia temeraria acerca de si la afirmación era falsa o no. Esto es lo que la sentencia del Tribunal Supremo de los Estados Unidos de Norteamérica, en el caso New York Times vs Sullivan (citado por Rafael Saraza Jimena en su obra Libertad de Expresión e Información Frente a Honor, Intimidad y Propia Imagen. Aranzadi Editorial. 1995); llamó la 'actual malice' o malicia real".
- Fallo de SC/TSJ N° 3 del 3/11/2010 (Arbitrage). Cita la sentencia caso: First Options of Chicago vs Kaplan del siguiente modo: "Así, el control inmediato y de fondo era sostenido -en forma tradicional- por la jurisprudencia inicial de los Estados Unidos, conforme a la

cual la revisión del pacto arbitral debía ser de fondo, ya que conforme a la decisión de la Corte Suprema de Estados Unidos en el caso 'First Options of Chicago v. Kaplan', se consideró que 'las cortes debían ser las encargadas de determinar, de manera exclusiva y por regla general los cuestionamientos relativos a la validez o los alcance del pacto arbitral'".

- Fallo de SC/TSJ N° 1006 del 10/7/2012 (Derecho de las mujeres a servir en el ejército. VOTO SALVADO). Cita la sentencia caso: Plessy vs Ferguson 1896 Brown vs Board del siguiente modo: "¿Acaso se justificaría en el tema que nos ocupa una política dual que permita un modelo de comportamiento de 'separados pero iguales', propuesto en el precedente Plessy vs. Ferguson (1896) de la Corte Suprema de los Estados Unidos de Norteamérica; o mejor, el modelo propuesto en el precedente posterior Brown vs. Board of Education de 1954 de la también Corte Suprema de los Estados Unidos de Norteamérica, que plantea la integración de los iguales e impidiendo a su vez la segregación de grupos por ser una práctica discriminatoria? Este último modelo también ha suscitado objeciones porque si bien, los efectos de la aplicación de la igualdad de trato sin discriminación alguna conllevarían a la completa equiparación entre iguales sin atender a diferenciación alguna ni siquiera biológica, ello tendría como efecto extinguir los rasgos propios de los grupos equiparados lo cual implicaría discriminación".

No encontramos ningún patrón que permita identificar algún tipo de diálogo jurisprudencial entre la SC-TSJ y la Corte Suprema de los Estados Unidos de Norteamérica, más allá de casos puntuales y del reconocimiento de la influencia de uno de sus casos líderes como es el conocido como *Marbury vs. Madison*, al que se le imputa el origen del control constitucional.

4. Corte Constitucional Italiana

Respecto de la jurisprudencia de la Corte Constitucional italiana citada por la SC-TSJ, encontramos sólo 3 sentencias, todas referidas a aspectos medulares de la justicia constitucional como son la derogación de leyes, interpretación constitucional e incidente constitucional, pero de más de 40 años de publicadas, por lo que no hay una conexión entre la realidad y el contexto actual de la doctrina de aquella corte.

En el listado siguiente se pueden observar las mencionadas sentencias y la materia sobre la cual recae su traslado.

- Fallo de SC/TSJ N° 1225 del 19/11/2000 (Interpretación Constitucional). Cita la sentencia N° 1 1956 del siguiente modo: "Respecto a la jurisprudencia sobre el particular emitida por el Tribunal Constitucional italiano (en cuyo ordenamiento constitucional no cursa una cláusula derogatoria general como en el nuestro, por lo que se ha comprendido que en virtud del efecto innovativo de las normas tal cláusula se entiende presente en forma tácita), dicho Tribunal declaró en su sentencia N° 1/1956 que la petición de declaración de inconstitucionalidad de una ley anterior a la Constitución, por efecto de la cláusula derogatoria, no comporta '...un problema de abrogación sino de ilegitimidad constitucional sobrevenida.', por lo que asumió de manera exclusiva y excluyente la competencia para resolver la cuestión".
- Fallo de SC/TSJ N° 2588 del 11/12/2001 (Incidente Constitucional). Cita la sentencia N° 22 9/4/1960 del siguiente modo: "La razón que apuntala esta facultad, señaladamente cuando la misma deriva en la declaratoria pro futuro y con efectos erga omnes de la norma inconstitucional -y no en la mera desaplicación del precepto para el caso concreto-, se afinca en la coherencia que existe entre una declaración de este tipo con la función de los tribunales constitucionales, en tanto ejecutores del denominado control concentrado

de la constitucionalidad. Los términos en que se expresó la Corte Constitucional Italiana a la hora de asumir esta competencia son suficientemente reveladores de la razón apuntada".

- Fallo de SC/TSJ N° 1807 del 3/7/2003 (Derogación de leyes). Cita la sentencia 49/1970 del siguiente modo: Así, lo ha reconocido la Corte Constitucional Italiana, en su sentencia N° 49/1970, que estableció: "... La derogación no tanto extingue las normas, cuanto delimita su esfera material de eficacia y, por ello, su aplicabilidad a los hechos acaecidos hasta un determinado momento en el tiempo, que coincide, normalmente y salvo que se disponga otra cosa en la nueva Ley, con la entrada en vigor de esta última...".

5. Corte Constitucional Colombiana

Logramos ubicar 23 sentencias de la SC-TSJ que citan decisiones de la Corte Constitucional Colombiana, dictadas en materias variadas como reelección presidencial, prevención del delito, igualdad entre el hombre y mujer, habeas data, derecho de propiedad, libertad de contratación, imparcialidad del juez, usura, delitos financieros, banca pública y privada.

Otro parámetro que consideramos pertinente señalar, es que de las 14 sentencias de la SC-TSJ que citan decisiones de la Corte Constitucional colombiana, 4 fueron publicadas en los primero 10 años de su creación, siendo las restantes 10 sentencias dictadas a partir de 2010 a la actualidad.

De las 23 sentencias dictadas por la SC-TSJ que citan como dentro de sus argumentos decisiones de la Corte Constitucional colombiana, encontramos que sólo 14 tratan asuntos que influyeron en el fondo del asunto para el que fueron usadas, mientras que las otras 9 fueron referenciales o reiteraciones de esos fallos matrices.

Procederemos a elaborar un listado donde se evidenciará la materia, el número y fecha de sentencia de la ST-TCS donde es citada, el número y fecha de la sentencia de la Corte Constitucional que es usada como argumento y una breve descripción.

- Fallo de SC/TSJ N° 85 del 24/01/2002 (Créditos Indexados). Cita la sentencia N° C-747/1999 del siguiente modo: "La Corte Constitucional de la República de Colombia, en sentencia de 6 de octubre de 1999, (C-747/99) consideró inconstitucional el préstamo que 'desborda la capacidad de pago de los adquirentes de vivienda', lo cual resulta, además, contrario a la equidad y a la justicia como fines supremos del derecho; es decir, opuestos a la vigencia de un orden justo".
- Fallo de SC/TSJ N° 1620 del 19/11/2004 (Usura). Cita la sentencia N° C-226/09 del siguiente modo: "En otros términos, el pacto de retroventa consiste en una venta sometida a condición resolutoria, mediante el ejercicio del derecho de retracto que se reserva el vendedor. En muchas legislaciones esta modalidad contractual ha sido proscrita, precisamente, porque se presta para eludir los límites legales a las tasas de interés o camuflar la usura, y si bien la venta con pacto de retroventa es una modalidad contractual lícita que puede atender a finalidades legítimas, no es menos cierto que puede prestarse para disimular o encubrir actividades de crédito por fuera de los parámetros legales".
- Fallo de SC/TSJ N° 1420 del 20/7/2006 (Protección de los accionistas minoritarios). Cita la sentencia N° C-707/05, 6/7/2005 del siguiente modo: "Otro ejemplo interesante se da en el caso colombiano, en el que la reforma efectuada a su Código de Comercio en 1995 incorporó un régimen especial de supervisión y vigilancia sobre las sociedades controladas, entendiendo por éstas aquellas en las que el poder de decisión de la Asamblea está sometido -directa o indirectamente- a la voluntad de una sociedad matriz controlante, de un grupo empresarial o incluso de una o varias personas naturales. Al amparo de este estatuto, se ha querido trascender la ficción de «democracia societaria» que permitiría a los grupos de control imponer sus deci-

siones en perjuicio de los minoritarios, protegiendo ostensiblemente los derechos de éstos".

- Fallo de SC/TSJ N° 49 del 3/2/2009 (Reelección presidencial). Cita la sentencia N° C-1040/05 del siguiente modo: "Para la Corte permitir la reelección presidencial –por una sola vez y acompañada de una ley estatutaria para garantizar los derechos de la oposición y la equidad en la campaña presidencial– es una reforma que no sustituye la Constitución de 1991 por una opuesta o integralmente diferente".
- Fallo de SC/TSJ N° 1115 del 16/10/2010 (Banca Central). Cita la sentencia N° C-050/94 del siguiente modo: "La autonomía de gestión y de decisión del Banco frente al Gobierno, significa que para el cumplimiento de sus funciones no debe ni puede obrar con sujeción a las instrucciones políticas del Gobierno, pero sí en coordinación con la política económica general".
- Fallo de SC/TSJ N° 794 del 27/5/2011 (Delitos financieros). Cita la sentencia N° C-565/93 del siguiente modo: "La función de la pena debe examinarse en el momento estático de su descripción legislativa y en el dinámico de su efectiva aplicación. En el primero, la pena cumple una función preventiva (para que los asociados se abstengan de realizar el comportamiento delictivo so pena de incurrir en la imposición de sanciones), mientras en la segunda, la potestad punitiva del Estado se hace presente mediante la imposición de la pena en concreto, con la represión que implica castigar efectivamente, con el rigor requerido, aquellos delitos abominables".
- Fallo de SC/TSJ del 4/8/2011 (Habeas data). Cita la sentencia N° T-414/92, 16/6/1992, T-110/93, 18/3/1993, T-303/93, 3/8/1993 del siguiente modo: "Lo cierto es que por las muy estrechas relaciones entre el dato personal y la intimidad que atrás hemos destacado, la sola búsqueda y hallazgo de un dato no

autoriza a pensar que se ha producido simultáneamente su apropiación exclusiva y, por tanto, la exclusión de toda pretensión por parte del sujeto concernido en el dato".

- Fallo de SC/TSJ N° 1567 del 4/12/2012 (Prevención del delito). Cita la sentencia N° C-565-93 del siguiente modo: "Ciertamente, en el modelo de Estado Social el sistema jurídico penal ha de cumplir una misión política de regulación activa de la vida social que asegure su funcionamiento satisfactorio, mediante la protección de los bienes jurídicos reconocidos en el ordenamiento jurídico, así es clara la necesidad de otorgar a la pena, la función de prevención de los hechos (delitos) que atenten contra estos bienes. En ese contexto, la Corte Constitucional de Colombia, señala acertadamente que...".
- Fallo de SC/TSJ N° 1800 del 17/12/2012 (Libertad de contratación). Cita la sentencia N° T-222/04; T-167/07; T-160/10 del siguiente modo: "También cónsono con lo señalado en este fallo sobre el sustento que requiere percibir el músico por sus actividades desempeñadas y a las que se obliga en el contrato de representación, lo dispuesto en la sentencia de la Corte Constitucional de Colombia T-167 de 2007, en la cual se sostuvo al respecto: 'La relación entre el derecho a escoger profesión u oficio y el derecho al trabajo, permite reconocer, que del ejercicio de actividades profesionales elegidas conforme a la Constitución y la ley, la persona puede también de ellas devengar su sustento'".
- Fallo de SC/TSJ N° 277 del 29/4/2014 (Imparcialidad del juez). Cita la sentencia N° T-800/062; 22/9/2005 del siguiente modo: "...entre dos procesos, uno tramitado por procedimientos de otras jurisdicciones y el otro por vía de tutela, por sí sólo no constituye motivo para que el juez deba declararse impedido y para que,

de no hacerlo, deba sancionársele disciplinariamente...".

- Fallo de SC/TSJ N° 1 del 5/1/2016 (Ley de partidos). Cita la sentencia N° C-490/11 del siguiente modo: Ello es así, por cuanto los principios que informan a cada partido son propios de su constitución y creación, atendiendo al sector al cual prestarán mayor atención, según sus convicciones. Esta prohibición a la doble militancia está regulada en otros países, en forma bastante similar, a saber: (....) a) Si era miembro de alguna corporación pública de elección popular y la nueva aspiración la patrocinará una organización política distinta (incluidos grupos significativos de ciudadanos, según la Corte), debió renunciar al cargo al menos 12 meses antes del primer día de inscripciones, es decir, a más tardar el 9 de noviembre del año pasado. b) Si participó en las consultas de un partido o movimiento político, no podrá inscribirse por uno distinto (o por un grupo significativo de ciudadanos, dice la Corte).
- Fallo de SC/TSJ N° 264 (Amnistía). Corte Suprema de Colombia. Cita la sentencia 26/5/1982 del siguiente modo: "Haciendo un parangón entre el delito común y el delito político, por su aspecto subjetivo, se ha dicho que en el primero el agente realiza el hecho casi siempre con móviles innobles, movido o bajo el influjo de pasiones desbordadas, con perversidad o con fines de venganza. Por el contrario, en el segundo, los móviles son casi siempre políticos o de interés común: la aspiración a lograr un replanteamiento de las condiciones económicas, políticas y sociales de una sociedad son, por regla general, los factores determinantes de esta clase de delincuentes".
- Fallo de SC/TSJ N° 343 de 6/5/2016 (Derecho de propiedad). Cita la sentencia C-644/2012 del siguiente modo: "Así las cosas, la Ley bajo análisis plantea la 'progresividad' del 'derecho de propiedad' y la omite en cuanto a la satisfacción del 'derecho a la vivienda' y

'la protección a la familia'. En consecuencia considerando los elementos de la ley bajo estudio al aplicar el test de no regresividad, el cual se constriñe a determinar si la nueva norma es regresiva, vale decir, si afecta mínimos imperceptibles de los derechos sociales en violación del núcleo esencial de tales derechos al no otorgar una protección más favorable que la existente".

- Fallo de SC/TSJ N° 738 de 11/8/2016 (Igualdad entre el hombre y la mujer). Cita la sentencia C-082/99 del siguiente modo: "La igualdad de derechos que se reconoce al hombre y a la mujer no es simplemente de carácter formal, pues en algunos eventos se justifican diferenciaciones en aras de terminar con la histórica discriminación que ha sufrido la población femenina. En este sentido se 'autoriza, dentro de un principio de protección, la toma de medidas positivas, dirigidas a corregir desigualdades de facto, a compensar la relegación sufrida y a promover la igualdad real y efectiva de la mujer en los órdenes económicos y sociales'. Es decir, que no siempre que se utilicen criterios distintivos como el sexo, existe un tratamiento discriminatorio; sin embargo, para que estas diferenciaciones sean constitucionalmente válidas, deben sustentarse en criterios razonables y objetivos que así las justifiquen".

No existe ningún parámetro que permita identificar un diálogo bidireccional entre la SC-TSJ y la Corte Constitucional colombiana, más allá de la utilización como argumentos de autoridad por parte de la primera de las nombradas para justificar alguno de sus pronunciamientos, alguno de los cuales han sido controversiales, por ejemplo, en el tema de la ley de amnistía, se ha evidenciado que recientemente Colombia ha suscrito leyes buscando la paz a través del perdón o la reelección presidencial indefinida, impedida por vía de la jurisprudencia de su corte y obviada por la SC-TSJ receptora de esa jurisprudencia.

IV. TENSIONES GENERADAS POR RUPTURA O IMPOSICIÓN DEL DIÁLOGO JURISPRUDENCIAL CON OTROS PODERES NACIONALES

1. La acción de interpretación como mecanismo de apertura y cierre constitucional

Hemos precisado como uno de los elementos del "constitucionalismo autoritario", la utilización de la interpretación constitucional con fines ideológicos, procurando con ello favorecer a la elite gobernante.

En Venezuela, la SC-TSJ ha utilizado la acción autónoma de interpretación constitucional para resolver los grandes temas político-constitucionales que se han presentado desde el año 2000 a la presente fecha.

La acción de interpretación constitucional es un proceso autónomo creado vía pretoriana por la SC-TSJ, en el que cualquier persona que tenga una duda razonable puede acudir ante esa Sala y solicitar que se aclare, de forma abstracta, el alcance y contenido de "normas y principios constitucionales", mediante un procedimiento de mero derecho, donde generalmente no tienen posibilidad de intervenir terceras personas y que concluye con una sentencia bastante expedita, con efecto vinculante y que se erige en una suerte de mecanismo paraconstituyente de mutación constitucional.

A pesar de que ninguno de los textos constitucionales o legales crearon expresamente la acción de interpretación constitucional, la SC-TSJ en ejercicio de lo que podríamos denominar como el "neopretorianismo constitucional", lo reguló por vía de su jurisprudencia, atribuyéndose la competencia de manera exclusiva y fijando su procedimiento en su sentencia N° 1.077 del 22 de septiembre de 2.000 (Caso: *Servio Tulio León*), en la que el actor requirió la interpretación de los artículos 26 y 27 de la CRBV, acerca de la instrumentalidad en la protección de los derechos colectivos y difusos.

La aludida sentencia, a pesar de desestimar la demanda, señaló en su parte pertinente:

> El recurso de interpretación de las normas y principios constitucionales, no se encuentra regulado en forma especial ni en la vigente Constitución ni en la Ley Orgánica de la Corte Suprema de Justicia, por lo que en la nueva Ley Orgánica del Tribunal Supremo de Justicia, deberá ser definido su procedimiento. Sin embargo, considera la Sala que dentro de la facultad interpretativa con carácter vinculante, que le otorga el artículo 335 de la vigente Constitución, y por las razones antes expuestas, puede asumir la interpretación, no solo en los procesos contenciosos que decida, sino también mediante este especial Recurso de Interpretación[226].

En la vigente reforma de la LOTSJ de 2010, se consagró de forma expresa la acción de interpretación constitucional, al atribuir la competencia a la SC-TSJ en el numeral 17 del artículo 25 a la Sala Constitucional, para: "Conocer la demanda de interpretación de normas y principios que integran el sistema constitucional"[227].

---

[226] El antecedente doctrinario de la acción autónoma de interpretación constitucional se puede encontrar en un artículo del actual Magistrado de la SC-TSJ, Delgado Rosales, Arcadio; titulado "El Recurso de Interpretación de la Constitución de 1999", publicado en la *Revista del Tribunal Supremo de Justicia*, Venezuela, N° 2, 2000; pp. 243-247, en el que afirma que "se ha admitido el recurso de interpretación de la Constitución, como aplicación particular del recurso de interpretación de textos legales (...) En efecto, la Constitución es un texto legal, aunque su condición de Ley Suprema y la necesidad de asegurar su supremacía en virtud de las consecuencias de la rigidez constitucional imponen una regulación especial". Posteriormente el citado autor escribió un artículo titulado "*La Acción de Interpretación Constitucional*", *Estudios de Filosofía del Derecho y de Filosofía Social. Libro Homenaje a José Manuel Delgado Ocando*, Venezuela, Tribunal Supremo de Justicia, Colección Libros Homenaje, 2001, t. I, pp. 177-223. Incluso la sentencia N° 1077 del 22 de septiembre de 2000, (Caso: *Servio Tulio León*), cita como antecedente el artículo publicado por el Magistrado Arcadio Delgado Rosales.

[227] No queda claro a que se refiere con la expresión "sistema constitucional", creemos más bien que una correcta técnica legislativa hubiese incluido al "bloque constitucional". En todo caso, como consecuencia de haber extendido el recurso de interpretación constitucional a ese "sistema constitucional", es que la SC-TSJ ha interpretado normas de la Asamblea Nacional Constituyente y sentencias de la Corte Interameri-

Toda esa actividad de interpretación ha convertido a la Sala en árbitro de los conflictos entre poderes y entre los ciudadanos y el poder, pero ese arbitraje ha utilizado la interpretación para favorecer las pretensiones del poder político. En esa labor han realizado mutaciones en el texto constitucional que ha perdido su rostro sustituido por una cara ideológica que mira solo una teoría política e ignora el llamado de pluralidad[228].

En ese orden de ideas, el hecho de que los tribunales, cortes o salas constitucionales sean los intérpretes finales de la Constitución ha conducido a algunos a pensar que va contra "nociones comunes de soberanía popular y democracia"[229], al no ser autoridades electas por voluntad popular, ni poder constituyente; no obstante la legitimación deriva de la propia Constitución cuando le atribuye ser su máximo y último intérprete, los obliga a garantizar su integridad y consagra a sus sentencias efectos vinculantes.

A nuestro juicio, el problema no se plantea en el terreno de la legitimidad democrática sino en la utilización ilimitada de la acción de interpretación constitucional con fines ideológicos[230].

---

cana de Derechos Humanos, bajo el argumento de que son actos de ejecución directa e inmediata de la Constitución y por ende de rango legal.

228 En palabras del profesor Pablo Luis Manilli, ese activismo sería malo. Obra consultada en fecha 15/5/2016 en http://www.pablomanili.com.ar/art_activismo.doc.

229 Atienza, Manuel, *Interpretación Constitucional*, *op cit*, p. 111.

230 Lo antes dicho, pudiera encontrar explicación en las palabras de Zagrebelsky cuando resalta que la pugna entre los grupos sociales por realizar las condiciones de posibilidad de la Constitución, origina que se utilice "la Constitución, como plataforma de partida que representa la garantía de legitimidad para cada uno de los sectores sociales, puede comenzar la competición para imprimir al Estado u a orientación de uno u otro signo, en el ámbito de las posibilidades ofrecidas por el compromiso constitucional". Zagrebelsky, Gustavo, *El Derecho Dúctil*,

Luego de analizar las distintas posibilidades de presentar de una manera sencilla y clara el efecto manipulativo, que ha tenido en estos diecisiete (17) años de implementada la acción de interpretación constitucional sobre el Texto Fundamental, escogimos citar las sesenta y siete (67) sentencias de la SC-TSJ[231], que han resuelto alguna acción de interpretación, mediante un gráfico que contiene el número de sentencia, la fecha de su publicación, el accionante, la norma interpretada y un pequeño extracto.

- TSJ/SC sentencia N° 1563 del 13/2/2000. Caso: Alfredo Peña. Asunto: Acto de la Asamblea Nacional de la Constituyente. Ley Especial sobre el Régimen del Distrito Metropolitano de Caracas.
- TSJ/SC sentencia N° 457 del 5/4/2001. Caso: Francisco Encina Verde. Asunto: Artículos 230 y 231 CRBV, inicio y finalización del período presidencial.
- TSJ/SC sentencia N° 759 del 16/5/2001. Caso: Asamblea Nacional. Asunto: Artículos 192, 219, 230 y 231 CRBV, inicio y finalización del período presidencial.
- TSJ/SC sentencia N° 1139 del 5/6/2002. Caso: Sergio Omar Calderón. Asunto: Artículo 72 CRBV. Requisito Artículo 72 CRBV. Requisitos de procedencia, efectos y quorum del referéndum revocatorio de procedencia, efectos y quorum del referéndum revocatorio.
- TSJ/SC sentencia N° 464 del 18/3/2002. Caso: Oswaldo Parilli Araujo. Caso: Decreto de la Asamblea Nacional Constituyente sobre el ajuste de salarios a los empleados de PDVSA.
- TSJ/SC sentencia N° 2231 del 23/9/2002. Caso: Fiscal General de la República. Asunto: Artículos 279 y 284 y

cit; p. 13. Por cierto que este autor es el más citado en las sentencias interpretativas de la Sala Constitucional.

231 Todas las sentencias pueden citarse en la página oficial del Tribunal Supremo de Justicia venezolano: www.tsj.gob.ve.

Disposición transitoria 9 de la CRBV sobre designación del Fiscal General

- TSJ/SC sentencia N° 2819 del 18/11/2002. Caso: Consejo Nacional Electoral. Asunto: Acto de la Asamblea Nacional Constituyente sobre el quorum para la toma de decisiones del Consejo Nacional Electoral.
- TSJ/SC sentencia N° 3167 del 9/12/2002. Caso: Julián Isaías Rodríguez. Asunto: Artículo 29 CRBV Crímenes de lesa humanidad "la investigación corresponde exclusivamente al Ministerio Público o a los órganos que estén bajo su supervisión y el juzgamiento a los Tribunales ordinarios".
- TSJ/SC sentencia N° 23 del 22/1/2003. Caso: Harry Gutiérrez. Asunto: Artículo 71 Mecanismos de participación política previstos en la Constitución, en específico el referéndum consultivo. "No tiene carácter vinculante en términos jurídicos, respecto de las autoridades legítimas y legalmente constituidas".
- TSJ/SC sentencia N° 24 del 22/1/2003. Caso: Elba Paredes Yespica. Asunto: Artículo 350 CRBV. Interpretación de la desobediencia civil.
- TSJ/SC sentencia N° 1347 del 27/5/2003. Caso: Henry Ramírez. Asunto: Disposiciones Transitorias 4.7 y 14 CRBV. División político territorial de los Municipios.
- TSJ/SC sentencia N° 1636 del 16/6/2003. Caso: Nelson Farías Morales. Asunto: Artículos 162 y 200 CRBV, sobre el allanamiento de la inmunidad parlamentaria de los disputados de los Consejos Legislativos de los Estados.
- TSJ/SC sentencia N° 2394 del 28/8/2003. Caso: José Manuel Sánchez. Asunto: Artículo 41 CRBV. Concepto de frontera marítima. Resolvió la duda sobre la postulación para Gobernador de un Estado fronterizo a un venezolano por naturalización.

- TSJ/SC sentencia N° 2399 del 28/8/2003. Caso: Eurípides Salvador Ribullin. Asunto: Artículo 162 CRBV. Sueldo de los Diputados a los Consejos Legislativos de los Estados.
- TSJ/SC sentencia N° 2651 del 2/10/2003. Caso: Ricardo Delgado. Asunto: Artículo 174 CRBV. Primera Autoridad Municipal.
- TSJ/SC sentencia N° 3744 del 22/12/2003. Caso: Raúl Mathinson. Asunto: Artículos 26 y 49 CRBV. Comparecencia de las partes en los actos regidos por el principio de inmediación en el proceso oral penal.
- TSJ/SC sentencia N° 34 del 26/1/2004. Caso: Vestalia Sampedro. Asunto: Artículo 203 CRBV. Cuáles leyes orgánicas requerirían la mayoría calificada para su aprobación, en específico la LOTSJ.
- TSJ/SC sentencia N° 172 del 18/2/2004. Caso: Alexandra Margarita Stelling Fernández. Asunto: Artículos 21 y 26.1 y 26.2 CRBV. Derecho a la igualdad frente a los privilegios y prerrogativas procesales del Fisco Nacional.
- TSJ/SC sentencia N° 285 del 4/5/2004. Caso: BJ Services de Venezuela y otros. Asunto: Artículos 156, 180 y 304 CRBV. Régimen económico de la actividad desarrollada debajo del agua.
- TSJ/SC sentencia N° 449 del 24/3/2004. Caso: Liborio Guarulla. Asunto: Artículo 160 CRBV. Duración del período de los Gobernadores.
- TSJ/SC sentencia N° 830 del 7/5/2004. Caso: Fanny García y otros. Asunto: Acto de la Asamblea Nacional Constituyente. Sueldos, salarios y otros emolumentos de los integrantes de los Consejos Legislativos de los Estados.
- TSJ/SC sentencia N° 1173 del 15/6/2004. Caso: Esteban Gerbasi. Asunto: Artículos 77 y 233 CRBV. Elegibi-

lidad pasiva del Presidente de la República, frente al revocatorio que se planteó. Referéndum revocatorio.

- TSJ/SC sentencia N° 2460 del 21/10/2004. Caso: Ángel Alberto Arráez. Asunto: Artículo 174 CRBV. Período de los Alcaldes.
- TSJ/SC sentencia N° 391 del 4/4/2005. Caso: José Gabriel Sarmiento Sosa. Asunto: Artículos 72 y 233 CRBV Efectos de la revocatoria del mandato del Presidente de la República sobre el Vicepresidente.
- TSJ/SC sentencia N° 698 del 29/4/2005. Caso: Orlando Alcántara. Asunto: Artículos 148,162 y 191 CRBV. Incompatibilidad de los Legisladores de los Consejos Legislativos de los Estados.
- TSJ/SC sentencia N° 1278 del 17/6/2005. Caso: BJ Services de Venezuela y otros. Asunto: Aclaratoria y ampliación de la sentencia 285/2005.
- TSJ/SC sentencia N° 1300 del 17/6/2005. Caso: Lidia Teresa Pulgar. Asunto: Artículo 160 CRBV. Vencimiento del período para Gobernadores. Ordenó realizar la elección de un Gobernador en particular vía obiter dictum.
- TSJ/SC sentencia N° 1682 del 15/7/2005. Caso: Carmela Manpieri. Asunto: Artículo 77 CRBV. Regulación del Concubinato.
- TSJ/SC sentencia N° 3252 del 28/10/2005. Caso: Mauricio Rivas Campo. Asunto: Artículo 84 CRBV. Planificación, ejecución y control de la política específica en las instituciones públicas del Estado.
- TSJ/SC sentencia N° 1812 del 20/10/2006. Caso: Francisco Ramos. Asunto: Artículo 267 CRBV. Autonomía de la Dirección Ejecutiva de la Magistratura, su naturaleza jurídica y vínculo con el Tribunal Supremo de Justicia.

- TSJ/SC sentencia N° 1816 del 20/10/2006. Caso: Wilfredo Rafael Díaz. Asunto: Artículo 27 CRBV Inadmisible la demanda, pero interpreta con carácter vinculante los lapsos en la tramitación de la acción de amparo constitucional.
- TSJ/SC sentencia N° 2322 del 14/12/2006. Caso: Procuraduría General de la República. Asunto: Artículos 156.12, 156.13, 164.4, 164.7, 164.8 y Disposición Transitoria 13 de la CRBV. Aplicación de la Ley de Timbre Fiscal.
- TSJ/SC sentencia N° 1399 del 4/7/2007. Caso: Consejo Nacional Electoral Asunto: Artículo 72 CRBV Revocatorio del mandato de los alcaldes y forma de suplir su falta absoluta.
- TSJ/SC sentencia N° 1460 del 12/7/2007. Caso: Marisol Plaza Irigoyen Asunto: Artículo 247 CRBV Consulta de la Procuraduría General de la República sobre la aprobación de los contratos de interés nacional.
- TSJ/SC sentencia N° 2087 del 6/11/2007. Caso: Vicente Díaz Asunto: Artículo 344 CRBV Votación parcial del proyecto de reforma constitucional al momento de su sanción, y cuando su iniciativa provenga de un grupo de electores o del Presidente de la República.
- TSJ/SC sentencia N° 2087 del 6/11/2007. Caso: Vicente Díaz. Asunto: Artículo 344 CRBV Votación parcial del proyecto de reforma constitucional al momento de su sanción, y cuando su iniciativa provenga de un grupo de electores o del Presidente de la República.
- TSJ/SC sentencia N° 2190 del 22/11/2007. Caso: Gonzalo Oliveros. Asunto: Artículo 345 CRBV. Aprobación de la reforma constitucional.
- TSJ/SC sentencia N° 565 del 15/4/2008. Caso: Procuradora General de la República. Asunto: Artículo 164.10 CRBV Coordinación con los Estados de la administración, conservación y aprovechamiento de carreteras y

autopistas nacionales, así como de puertos y aeropuertos de uso nacional. Se exhorta a la Asamblea Nacional legislar en los términos señalados en el fallo.

- TSJ/SC sentencia N° 780 del 8/5/2008. Caso: PPT. Asunto: Artículo 67 CRBV. Prohibiciones de financiamiento público de asociaciones políticas.
- TSJ/SC sentencia N° 1443 del 14/8/2008. Caso: CNDNA. Asunto: Artículos 56 y 76 CRBV. Registro Civil de Niños, Niñas y Adolescentes, derecho a tener nombre, apellido y nacionalidad.
- TSJ/SC sentencia N° 1541 del 17/10/2008. Caso: Hidelgard Rondón. Asunto: Artículo 258 CRBV. Arbitraje internacional.
- TSJ/SC sentencia N° 1939 del 18/12/2008. Caso: Gustavo Álvarez. Asunto: Artículo 23 CRBV. Inejecutabilidad de una decisión de la CIDH. Caso: Juan Carlos Apitz Barbieri.
- TSJ/SC sentencia N° 49 del 3/2/2009. Caso: Amante Vero Crincioli. Asunto: Artículos 340, 342 y 345. Referéndum Constitucional. TSJ/SC sentencia N° 53 del 3/2/2009. Caso: Federico Andrés Black. Asunto: Artículos 6, 340 y 345. Enmienda Constitucional.
- TSJ/SC sentencia N° 1326 del 19/10/2009. Caso: Janeth Rosalpía Hernández. Asunto: Artículo 296 y Disposición Transitoria Octava. Designación de miembros del Consejo Nacional Electoral.
- TSJ/SC sentencia N° 797 del 22/7/2010. Caso: ONG Quinto mandamiento de derechos humanos. Asunto: Artículos 169, 171 y Disposición Transitoria Primera CRBV. Transferencia de recursos y bienes del Distrito Metropolitano al Distrito Capital.
- TSJ/SC sentencia N° 1173 del 30/11/2011. Caso: Van Raalte de Venezuela. Asunto: Artículo 258 CRBV Inadmisible la demanda, pero interpreta con carácter vinculante la recurribilidad de los laudos arbitrales.

- TSJ/SC sentencia N° 967 del 4/7/2012. Caso: Cámara Venezolana de Medicamentos. Asunto: Artículo 153 CRBV. Denuncia del Acuerdo de Cartagena "las normas que se adopten en el marco de los acuerdos de integración son consideradas parte integrante del ordenamiento legal y de aplicación directa y preferente a la legislación interna, mientras que se encuentre vigente el tratado que les dio origen".
- TSJ/SC sentencia N° 1701 del 6/12/2012. Caso: Magistrado Carlos Oberto Vélez. Asunto: Artículo 264 CRBV. Duración del período de los Magistrados del Tribunal Supremo de Justicia en su cargo. No hay necesidad de esperar el nombramiento de uno nuevo para terminar el período. Se desaplica por inconstitucional el artículo 10 de la LOTSJ.
- TSJ/SC sentencia N° 2 del 9/1/2013. Caso: Marelys D´Arpino. Asunto: Artículo 231 CRBV. Ausencia temporal y toma de posesión para el presidente reelecto en el cargo, su continuidad administrativa y juramentación. Caso enfermedad Presidente Chávez.
- TSJ/SC sentencia N° 141 del 8/3/2013. Caso: Otoniel Pautt. Asunto: Artículo 233 CRBV. Falta absoluta del Presidente de la República. El Presidente encargado no debe separarse del cargo mientras se convocan y realizan nuevas elecciones. Caso muerte del Presidente Chávez.
- TSJ/SC sentencia N° 1652 del 20/11/2013. Caso: Guillermo Pastor Cadena. Asunto: Artículo 31 CRBV. Inadmisible la demanda, pero interpretó el procedimiento de la denuncia de la CIDH, afirmando que "no puede afirmarse que sobre la base del artículo 31 de la Constitución, exista una obligación del Estado de permanecer a órganos internacionales de protección de derechos humanos (...) todo ello aunado a que el sistema interamericano de derechos humanos no es el único

mecanismo de protección al cual puede acceder la sociedad".

- TSJ/SC sentencia N° 207 del 31/03/2014. Caso: José Alberto Zambrano García. Asunto: Artículo 191 de la CRBV. La demanda fue recalificada de intereses difusos y colectivos a interpretación constitucional
- TSJ/SC sentencia N° 276 del 22/04/2014. Caso: Gerardo Sánchez Chacón. Asunto: Artículo 68 de la CRBV. Reguló el derecho a la protesta pacífica.
- TSJ/SC sentencia N° 1864 del 22/12/2014. Caso: Diosdado Cabello. Asunto: Artículo 279 de la CRBV. Escogencia por mayoría absoluta –mitad más uno de los diputados y diputadas presentes en la sesión parlamentaria que corresponda– de los titulares de las instituciones que componen el Consejo Moral Republicano.
- TSJ/SC sentencia N° 100 del 20/2/2015. Caso: Reinaldo Enrique Muñoz Pedroza en su carácter de Viceprocurador General de la República. Asunto: Artículos 1, 5 y 322 de la CRBV. "Sentencia que declara que los Estados Unidos de América no tienen jurisdicción alguna, de ninguna intensidad, forma o atributo, para sancionar y promulgar actos de faz legal con aplicación en la República Bolivariana de Venezuela, siendo que el documento identificado como 'ley para la defensa de los derechos humanos y la sociedad civil en Venezuela 2014', carece de validez y efectividad y es absolutamente nula su ubicación o existencia en el plano jurídico para la República Bolivariana de Venezuela y sus nacionales".
- TSJ/SC sentencia N° 1758 del 22/12/2015. Caso: Diosdado Cabello. Asunto: Artículo 220 de la CRBV. Materias tratadas en las sesiones extraordinarias por parte de la Asamblea Nacional. Con esa sentencia se legitimó la designación de los Magistrados del TSJ el 23/12/2015.

- TSJ/SC sentencia N° 1 del 5/1/2016. Caso: César Elías Burguera Villegas. Asunto: Artículo 67 de la CRBV. Renovación de los partidos políticos.
- TSJ/SC sentencia N° 7 del 11/2/2016. Caso: Hernán Toro, Norcy Álvarez y otros. Asunto: Artículos 339 y 136 de la CRBV. Declaratoria de Estados de Emergencia Económica y desaplicó por control difuso el artículo 33 de la Ley Orgánica sobre Estados de Excepción.
- TSJ/SC sentencia N° 9 del 1/3/2016. Caso: Gabriela Flores Ynserny. Asunto: Artículos 136, 222, 223 y 265 de la CRBV. Funciones contraloras de la Asamblea Nacional y establece sus límites. Desaplica varias normas sobre la comparecencia de funcionarios y del Reglamento Interno de la Asamblea Nacional.
- TSJ/SC sentencia N° 274 del 21/4/2016. Caso: Johnny Leónidas Jiménez y otra. Asunto: Artículo 340 CRBV. Para concluir "que tratar de utilizar la figura de la enmienda constitucional con el fin de acortar de manera inmediata el ejercicio de un cargo de elección popular, como el de Presidente de la República, constituye a todas luces un fraude a la Constitución, la cual prevé un mecanismo político efectivo para tales fines, tal como lo es el ejercicio del referendo revocatorio contemplado en el artículo 72 de la Carta Magna".
- TSJ/SC sentencia N° 618 del 20/12/2016. Caso: Brigitte Acosta. Asunto: Artículos 150, 187.9, 236.14 y 247 de la CRBV. Resolvieron la duda existente sobre la validez de un contrato de préstamo internacional por parte del Banco Central de Venezuela sin la aprobación de la Asamblea Nacional.
- TSJ/SC sentencia N° 3 del 11/1/2017. Caso: Nicolás Maduro Moros. Asunto: Artículo 237 CRBV. Se declaró el desacato de la Asamblea Nacional, por violación de la doctrina de la SC-TSJ.
- TSJ/SC sentencia N° 6 del 20/1/2017. Caso: Nicolás Maduro Moros. Asunto: Artículo 187.5 de la CRBV. Se

declaró que no se requería de la aprobación de la Asamblea Nacional para rendir honores a una persona en el panteón Nacional.

- TSJ/SC sentencia N° 90 del 24/2/2017. Caso: Tareck El Assami. Asunto: Artículo 244 CRBV, sobre la memoria y cuenta que deben presentar los Ministros en la Asamblea Nacional, ante el supuesto desacato.
- TSJ/SC sentencia N° 156 del 29/3/2017. Caso: Corporación Venezolana de Petróleo. Asunto: Artículos 187.24 de la CRBV y artículo 33 de la Ley de Hidrocarburos. Se establece que la SC-TSJ y el Poder Ejecutivo serían los que aprobarían la constitución de empresas mixtas en materia petrolera, sin necesidad de aprobación por parte de la Asamblea Nacional.
- TSJ/SC sentencia N° 378 del 31/5/2017. Caso: Leopoldo Pita. Asunto: Artículos 347 y 348 CRBV, sobre la posibilidad de iniciativa del Presidente de la República sin necesidad de convocatoria del pueblo mediante consulta.
- TSJ/SC sentencia N° 469 del 27/6/2017. Caso: Tareb William Saab. Asunto: Artículos 49, 280, 281 y 285 CRBV, sobre las competencias de la Defensoría del Pueblo en materia de delitos sobre DDHH.

Del total de las sentencias citadas podemos concluir que la SC-TSJ ha interpretado cuatro Disposiciones Transitorias (4.7, 8, 9 y 13), dos artículos sobre principios fundamentales (1 y 5), un artículo sobre el espacio geográfico (14), nueve artículos sobre derechos individuales (21, 23, 26, 27, 29, 31, 41, 49 y 56), cuatro artículos sobre derechos políticos (67, 68, 71 y 72), tres artículos sobre derechos sociales (76, 77 y 84), treinta y seis artículos sobre el poder público y su organización (136, 148, 150, 153, 156, 160, 162, 164, 169, 171, 174, 180, 187, 191, 192, 203, 219, 220, 222, 223, 230, 231, 233, 236, 237, 244, 247, 258, 264, 265, 267, 279, 280, 281, 284, 285 y 296), un artículo sobre el sistema socioeconómico (304), un artículo sobre la seguridad de la Nación (322), un artículo sobre la protección de la Constitución

(339) y siete artículos sobre la reforma de la Constitución (340, 342, 344, 345, 347, 348 y 350).

Podemos claramente darnos cuenta que el 52% de las sentencias interpretan temas del poder público y su organización, lo cual va en contra de una de las sentencias de la SC-TSJ, a saber, la N° 1309 del 19 de julio de 2001, (caso: *Hermann Escarrá*), en la que se estableció como su propio límite de interpretación "no [poder] afectar el principio de la división del poder ni autorizar la injerencia en la potestad de los demás poderes públicos y, mucho menos, vulnerar el principio de la reserva legal". En ese sentido, la SC-TSJ interpreta la forma de elección de miembros del Consejo Nacional Electoral y el *quorum* para decidir, la elección del Fiscal General de la República, de los propios Magistrados del Tribunal Supremo de Justicia, de los miembros del Consejo Moral Republicano, del Presidente de la República en sus múltiples facetas, es decir, durante su desempeño estableciendo el inicio y culminación de su período, las incompatibilidades y formas de copar las vacantes por muerte y enfermedad, así como la organización del poder público municipal y estadal al interpretar competencias en materia de recaudación fiscal por timbre fiscal, por el uso y aprovechamiento de recursos minerales, metálicos del agua.

Paradójicamente, la CRBV incluyó la cláusula del Estado social de derecho y el Gobierno venezolano se erige como una "revolución socialista", pero sólo el 4% de las sentencias han interpretado algún derecho social, específicamente el derecho a la identidad de niños, niñas y adolescentes, la regulación de la unión concubinaria y planificación, ejecución y control de la política específica en las instituciones públicas del Estado.

A simple vista, podríamos decir que la acción de interpretación en nada afecta el tema del diálogo jurisdiccional, toda vez que estaría circunscrito a la aplicación de una acción de interpretación de la Constitución, cuyo ámbito estaría lógicamente restringido a lo interno.

No obstante lo anterior, creemos que el impacto de la acción de interpretación constitucional sobre el diálogo jurisprudencial es directo, ya que, la SC-TSJ se reserva el monopolio interpretativo de la CADH, aplicando una suerte de control de convencionalidad a la inversa, tal como precisó en su sentencia N° 1939 de 18 de diciembre de 2008, en el caso: *Gustavo Álvarez*, donde interpretó el artículo 23 de la CRBV, adoptando un criterio de subordinación del sistema interamericano de derechos humanos al ordenamiento jurídico interno, más allá del criterio predominantemente subsidiario. En definitiva, según la SC-TSJ las sentencias de la Corte IDH y las provenientes de la CIDH serían actos sujetos a su control, por ser dictadas en ejecución directa e inmediata del artículo 23 de la CRBV, es decir, tendrían rango legal y por ende cualquier incompatibilidad con el texto Constitucional sería resuelta como un mecanismo única y última instancia a través de la acción de interpretación constitucional u otras acciones innominadas que ha venido desarrollando en su jurisprudencia.

La postura de la SC-TSJ sobre el control de las decisiones de la Corte IDH y la CIDH produce que los demás órganos del Estado tengan que inhibirse a acatar las interpretaciones que esos órganos especializados hagan de la CADH, rompiendo todo tipo de diálogo en el ámbito interno por existencia de un monopolio interpretativo que actúa como apertura y cierre del sistema.

2. Las sentencias exhortativas y su impacto en el diálogo jurisdiccional

Dentro de la tipología de sentencias constitucionales, la doctrina ubica a las sentencias exhortativas como:

> ...aquellas que le dan tiempo a una de las partes para cumplir con los resultados que se evaluaron en los fundamentos del fallo. En consecuencia, antes de ejecutar por la fuerza (executio) una condena eventual, se permite abrir un espacio de reflexión para que el obligado de cumplimiento voluntario al hecho que se ha determinado[232].

---

232 Gozaíni, Osvaldo; *op cit*; p. 213.

La importancia de las sentencias exhortativas en Venezuela, es que constituye una práctica cada vez más frecuente que la SC-TSJ haga exhortos en sus sentencias estimatorias o desestimatorias, tanto a las partes, como a terceros ajenos al proceso, particulares, jueces, Gobierno, Asamblea Nacional, Ministerio Público, Contraloría General de la República, entre otros, para que dicten determinada norma, impongan sanciones, realicen investigaciones, denuncien tratados internacionales o se abstengan de realizar determinadas prácticas cuestionadas. Por si fuera poco, esos exhortos han sido dirigidos hacía otros países e incluso para que apliquen legislación extranjera[233].

Citaremos algunos casos vinculados directamente con el diálogo jurisdiccional, por el impacto que han producido, advirtiendo que son cientos los casos en los que se ha producido esa tipología.

En la Sentencia de la SC-TSJ N° 1939 del 18 de diciembre de 2008, caso: *Gustavo Álvarez*, luego de declarar inejecutable el fallo de la Corte IDH, dictado el 5 de agosto de 2008, conocido como Ana María Ruggeri Cova, Perkins Rocha Contreras y Juan Carlos Apitz B. vs Venezuela; exhortó al Ejecutivo Nacional a denunciar la CADH, en los siguientes términos:

> 2) Con fundamento en el principio de colaboración de poderes (artículo 136 de la Constitución de la República Bolivariana de Venezuela) y de conformidad con lo dispuesto en el artículo 78 de la Convención Americana sobre Derechos Humanos, se solicita al Ejecutivo Nacional proceda a denunciar este Tratado o Convención, ante la evidente usurpación de funciones en que ha incurrido la Corte Interamericana de los Derechos Humanos, con el fallo objeto de la presente decisión.

---

233 Silva Aranguren, Antonio; "Los exhortos de la Sala Constitucional"; en *VI Congreso Internacional de Derecho Procesal Constitucional y IV Congreso de Derecho Administrativo*; Funeda; Caracas; 2017. Este autor hace una síntesis muy clara de los exhortos que ha realizado la SC-TSJ a la Asamblea Nacional.

De sumo interés es el voto salvado en la anterior decisión, en el que se recordó que las relaciones internacionales y en específico la denuncia de la CADH "corresponde en exclusiva al Presidente o Presidenta de la República, a tenor de lo dispuesto en el artículo 236.4 de la Constitución de la República Bolivariana de Venezuela", ya que constituye no solamente una violación del principio de separación de poderes al invitar al Poder Ejecutivo a realizar un acto que es de su competencia exclusiva, sino que además, dada la proveniencia de ese exhorto en una sentencia con carácter vinculante, es poco el margen que tenía el Ejecutivo Nacional para negarse a denunciar la CADH sin entrar en conflicto con la SC-TSJ.

Otra sentencia que merece la pena citar es la sentencia dictada por la SC-TSJ N° 937 del 25 de julio de 2014, caso: *Hugo Armando Carvajal Segovia*, con ocasión de la acción de amparo constitucional intentada por el aludido ciudadano, "contra la detención ilegal y arbitraria por parte de Aruba (país autónomo insular del Reino de los Países Bajos), (...), quien arribó a dicho país como funcionario diplomático del Estado Venezolano", en la que se exhortó a lo siguiente:

> En razón de lo antes expuesto, esta Sala declara procedente in limine litis la solicitud de amparo; en consecuencia, exhorta al Ejecutivo Nacional, a través del Ministerio del Poder Popular para Relaciones Exteriores de la República Bolivariana de Venezuela, de conformidad con el artículo 236, numeral 4 Constitucional, a continuar las acciones tendentes a exigir a las autoridades de Aruba que procedan a la inmediata observancia y aplicación de la Convención de Viena sobre Relaciones Consulares, demás Tratados e Instrumentos Internacionales aplicables al servicio exterior. Así se decide.

En el mencionado caso, la SC-TSJ declaró procedente la acción de amparo constitucional propuesta y como mandato de la situación jurídica delatada exhortó al Ejecutivo Nacional de Venezuela que exigiera a otro Estado el cumplimiento de un tratado internacional, lo que, a simple vista no es un exhorto sino una orden y además carente de toda lógica y sustentabilidad jurídica alguna.

Para el diálogo jurisdiccional esas dos decisiones presentan la posición ambivalente de la SC-TSJ, dado que en la primera de las mencionadas exhorta a la denuncia de un tratado internacional alegando cuestiones de soberanía y en el segundo, exhorta que se realicen todas las gestiones para aplicar un acuerdo internacional. Es evidente pues, que cuando la condena se produce contra el Estado se citan argumentos para justificar la aplicación preferente del derecho interno, rompiendo el diálogo con los organismos regionales encargados de la protección de derechos humanos, pero cuando la situación amerita usar las disposiciones contenidas en esos pactos o acuerdos internacionales se hace sin ningún tipo de reparo, produciéndose un falso diálogo.

3. El obiter dictum como mecanismo de diálogo jurisdiccional

En uno de los trabajos citados por nosotros en páginas precedentes, afirmamos que Queralt, cuando describe el uso del canon europeo de derechos humanos por los tribunales nacionales, como un argumento de autoridad señala que, "por lo general, las estructuras argumentativas en las que se encuentran integradas las referencias al canon europeo no forman parte de la ratio decidendi sino más bien a los obiter dicta"[234].

Al analizar la jurisprudencia de la SC-TSJ, no encontramos un patrón que permita aplicar la teoría de Queralt en Venezuela, ya que el argumento de autoridad utilizado al citar constantes sentencias de tribunales extranjeros o pactos internacionales, no se produce en los *obiter dicta*, sino en la propia *ratio decidendi.*

A pesar de lo antes dicho, merece la pena mencionar la sentencia de la SC-TSJ N° 1729 del 18 de diciembre de 2015, caso: *Mariely Betzaida Ruíz Nieves*, en el que al conocer de un litigio en el que se planteó un conflicto de competencia, sobre

[234] Queralt Jiménez, Argelia; *op cit*; p. 219.

una investigación penal por la supuesta comisión del delito de abuso sexual sin penetración contra un niño, se acordó en el *obiter dictum*, lo siguiente:

> El ordenamiento jurídico vigente, establece un sistema estatuario que propende a la protección integral de los niños, niñas y adolescentes, así la Convención sobre los Derechos del Niño adoptada por la Asamblea General de las Naciones Unidas, en su resolución 44/25, del 20 de noviembre de 1989, posteriormente aprobada por Ley del Congreso de la República de Venezuela, publicada en la Gaceta Oficial número 34.451 del 29 de agosto de 1990, en su artículo 12 dispone que los estados partes deberán garantizar a los niños "... el derecho de expresar su opinión libremente en todos los asuntos que afectan al niño, teniéndose debidamente en cuenta las opiniones del niño, en función de la edad y madurez del niño (..)".
>
> Lo antes expuesto será aplicado a los procesos penales de la jurisdicción penal ordinaria, hasta tanto la Sala Plena de este Tribunal Supremo de Justicia dicte mediante Acuerdo, los lineamientos que deberán seguir los Tribunales de dicha jurisdicción a los fines de tomar los testimonios o declaraciones de los niños, niñas y adolescentes, por lo que se estima pertinente remitir copia certificada de la presente decisión a la referida Sala Plena, para que resuelva oportunamente lo que a bien estime conveniente.
>
> Por último, se exhorta al Ministerio Público para que en ejercicio de sus funciones, con fundamento en la Constitución de la República Bolivariana de Venezuela, la Convención sobre los Derechos del Niño y demás instrumentos internacionales válidamente ratificados que regulan la materia y la Ley Orgánica para la Protección de Niños, Niñas y Adolescentes, establezca los lineamientos o normas que deberán regir la actuación de todos los Fiscales del Ministerio Público en las causas en las cuales sean partes niños, niños y adolescentes, en especial cuando se pretenda obtener su declaración, siempre en resguardo de su interés superior.

Como puede apreciarse, la SC-TSJ, en la sentencia antes aludida, exhorta a los jueces de la República y demás autoridades con competencia en investigación penal en materia de niños, niñas y adolescentes a evacuar –en un *obiter dicta*– las pruebas anticipadas o declaraciones de estás víctimas de una determinada forma, con fundamento en la legislación interna y en pactos internacionales suscritos por Venezuela, evidenciando una vez más un falso diálogo por la utilización del derecho internacional de los derechos humanos en unos casos y en otros no, pero en específico, la incorrecta argumentación de las sentencias constitucionales al desvirtuar la *ratio decidendi*.

V. EL CHOQUE DE TRENES ENTRE LA SC-TSJ Y LA ASAMBLEA NACIONAL

1. La interpretación del artículo 31 de la Ley de Impuesto sobre la Renta

Uno de los impases de mayor trascendencia entre la SC-TSJ y la Asamblea Nacional, ocurrió en el año 2007, con ocasión a la interpretación constitucionalizante que realizó ese órgano especializado del artículo 31 de la Ley de Impuesto sobre la Renta, sobre la base de enriquecimiento neto para calcular el impuesto sobre el salario de los contribuyentes, excluyendo del salario normal las bonificaciones especiales.

En una primera decisión, identificada con el N° 301 del 27 de febrero de 2007, caso: *Adriana Vigilanza*, la SC-TSJ, declaró inadmisible la demanda de nulidad presentada contra varios artículos del Decreto N° 307 con Rango y Fuerza de Ley de Reforma de la Ley de Impuesto sobre la Renta, publicado en la Gaceta Oficial N° 5.390 Extraordinario, de 22 de octubre de 1999, y luego de tal declaratoria interpretó de manera vinculante el artículo 31 de la misma ley, de la siguiente manera:

> En consideración al criterio esbozado, la Sala es de la opinión que la norma que estipula los conceptos que conforman el enriquecimiento neto de los trabajadores, puede ser interpretada conforme a los postulados constitucionales, estimando que éste sólo abarca las remuneraciones otorgadas en forma regular (salario normal) a que se refiere el parágrafo segundo del artículo 133 de la Ley Orgánica del Trabajo, con ocasión de la prestación de servicios personales bajo relación de dependencia, excluyendo entonces de tal base los beneficios remunerativos marginales otorgados en forma accidental, pues de lo contrario el trabajador contribuyente

> perdería estas percepciones –si no en su totalidad, en buena parte– sólo en el pago de impuestos.
> Por tal razón, con el objeto de adecuar el régimen impositivo a la renta aplicable a las personas naturales con ocasión de los ingresos devengados a título salarial, con los presupuestos constitucionales sobre los que se funda el sistema tributario; ponderando, por una parte, el apego al principio de justicia tributaria y, por la otra, la preservación del principio de eficiencia presente en tales normas, en los términos bajo los cuales han sido definidos a lo largo de este fallo, esta Sala Constitucional modifica la preposición del artículo 31 de la Ley de Impuesto sobre la Renta, en el siguiente sentido:
> (....)
> De esta manera, la Sala ejerciendo su labor de máxima intérprete de la Constitución ajusta la disposición legal antes referida a los postulados constitucionales, la cual además se adecua a la letra y espíritu del parágrafo cuarto del artículo 133 de la Ley Orgánica del Trabajo, que dispone "cuando el patrono o el trabajador estén obligados a cancelar una contribución, tasa o impuesto, se calculará considerando el salario normal correspondiente al mes inmediatamente anterior a aquél en que se causó". Así se decide.

En una posterior aclaratoria identificada con el N° 390 del 9 de marzo de 2007, la SC-TSJ:

> ...aclaró que el enriquecimiento neto en el caso de asalariados, lo serán los salarios devengados en forma regular y permanente, excluyendo las percepciones de carácter accidental, las derivadas de la prestación de antigüedad y otros conceptos no salariales según lo determine la Ley (...).

Ello condujo al rechazo de la Asamblea Nacional, por considerar que los Magistrados del Tribunal Supremo de Justicia estaban beneficiándose con una interpretación de la norma, diseñada para no pagar el impuesto sobre la renta sobre cuantiosas bonificaciones extraordinarias que estaban percibiendo[235]. En efecto, mediante Acuerdo de la Asamblea Nacional, publicado en la Gaceta Oficial N° 38.651 del 23 de marzo de

---

[235] Para el momento en que se produjo ese choque entre poderes, la Asamblea Nacional estaba conformada por mayoría calificada de oficialistas y presidida por la actual primera dama de la República.

2007, se rechazó por inconstitucional las sentencias N° 301/2007 y 390/2007 de la SC-TSJ, exhortando a los contribuyentes y a los órganos fiscales a desconocer sus efectos mediante el pago de los tributos como lo establecía la legislación vigente (en franco desconocimiento a la interpretación constitucionalizante) y designó una comisión para determinar las responsabilidades del caso.

Posteriormente, la Asamblea Nacional reformó parcialmente la Ley de Impuesto sobre la Renta[236], manteniendo el artículo 31 en su versión original, es decir, obviando la interpretación constitucionalizante que realizó la SC-TSJ, de la vigente ley de 1999.

Contra esas reformas parciales de la Ley de Impuesto sobre la Renta, se intentaron demandas de nulidad, siendo rechazadas por la ST-TSJ en sentencias N° 980/2008, N° 499/2016, N° 673/2016 y N° 998/2016, en las que reiteró su interpretación del artículo 31, la base de cálculo del enriquecimiento neto del salario del trabajador para el pago de ese impuesto, en una franca postura desafiante con la Asamblea Nacional.

2. La teoría del desacato y sustitución de competencias

Uno de los casos más evidentes en Venezuela de un choque de trenes entre poderes públicos, es el que se ha presentado entre la Sala Electoral, la Sala Plena y la SC-TSJ contra la Asamblea Nacional, donde se han producido 64 sentencias desde el 6 de diciembre de 2015, oportunidad en la que la oposición ganó la mayoría calificada en las elecciones a diputados celebradas ese día.

Hemos decidido incluir ese choque de trenes entre el Tribunal Supremo de Justicia, principalmente por su SC-TSJ y la Asamblea Nacional, por lo contemporáneo del debate y los

---

[236] Según Decreto con Rango, Valor y Fuerza de Ley de Impuesto sobre la Renta publicado en la Gaceta Oficial Nro. 6.152, Extraordinario, del 18 de noviembre de 2014 y publicado en la Gaceta Oficial N° 6.210, Extraordinario, del 30 de diciembre de 2015.

efectos que produce frente al diálogo jurisdiccional, al declarar el desacato del órgano legislativo y nulos todos sus actos, vaciando de competencias constitucionalmente atribuidas e incluso llegando al punto de desalojarla del recinto que históricamente ha ocupado. No son pocos los efectos sobre el diálogo judicial que se declare nula la Ley de Amnistía y Reconciliación Nacional, se anules las potestades de control sobre otros poderes públicos, se anulen actos de designación de Magistrados del Tribunal Supremo de Justicia o los acuerdos sobre el cumplimiento de las decisiones de los órganos especializados en derechos humanos.

No pretendemos analizar todas las sentencias del Tribunal Supremo de Justicia que ha dictado hasta la presente fecha, pues desviaría el propósito de este trabajo, a pesar de ello, citaremos algunos de los Acuerdos adoptados por la Asamblea Nacional y algunas respuestas de la SC-TSJ, donde se evidencia más que un diálogo un choque de trenes o técnicamente hablando un conflicto entre autoridades constitucionales[237].

---

[237] La mayoría de las sentencias pueden consultarse en el blog del profesor José Vicente Haro, quien provee una lista completa con la fecha, número y motivos de esos fallos. Al respecto pueden verse en: http://josevicenteharogarcia. blogspot.com /2016/10/las-33-decisiones-del-tsj.html. Las sentencias de la SC-TSJ o la Sala Electoral del Tribunal Supremo de Justicia que de manera directa anulan actos, leyes, acuerdos o declaran el desacato de la Asamblea Nacional son: N° 260/2015, N° 1/2016, N° 108/2016 y 126/2016 de la Sala Electoral del TSJ y las dictadas por la SC-TSJ identificadas con el N° 3/2016 N° 4/2016, N° 7/2016, N° 8/2016, N° 9/2016, N° 184/2016, N° 225/2016, N° 259/2016, N° 264/2016, N° 274/2016, N° 269/2016, N° 327/2016, N° 341/2016, N° 343/2016, N° 411/2016, N° 460/2016, N° 473/2016, N° 478/2016, N° 496/2016, N° 612/2016, N° 614/2016, N° 615/2016, N° 618/2016, N° 797/2016, N° 808/2016, N° 810/2016, N° 814/2016, N° 893/2016, N° 907/2016, N° 938/2016, N° 939/2016, N° 948/2016, N° 952/2016, N° 1012/2016, N° 1013/2016, N° 1014/2016, N° 1086/2016, N° 1190/2016, N° 1/2017, N° 2/2017, N° 3/2017, N° 4/2017, N° 5/2017, N° 6/2017, N° 7/2017, N° 12/2017, N° 87/2017, N° 88/2017, N° 90/2017, N° 113/2017, N° 155/2017, N° 156/2017, N° 157/2017, N° 158/2017, N°

La primera de la sentencia es la N° 260, dictada por la Sala Electoral del Tribunal Supremo de Justicia, el 30 de diciembre de 2015, mediante la cual, conociendo de un recurso de nulidad, dictó una medida cautelar –todavía vigente por falta de resolución del fondo del caso– suspendiendo la proclamación de dos Diputados electos por la oposición por el Estado Amazonas, significando la ruptura de la mayoría calificada de 102 Diputados de oposición.

Luego de instalada la Asamblea Nacional en enero de 2016, se produjo la incorporación de los Diputados electos por el Estado Amazonas, desafiando la sentencia de la Sala Electoral N° 260/2015, lo que motivo a que esa Sala por decisión N° 1 del 11 de enero de 2016, declarara el desacato de ese órgano legislativo y nulo el acto de incorporación en sus correspondientes curules.

Luego de ello, se produjeron constantes decisiones por parte de la Sala Electoral y la SC-TSJ, declarando el desacato de la Asamblea Nacional, y anulando todos los actos, acuerdos y leyes que dictó desde enero de 2016 a la presente fecha, vaciando de contenido las competencias constitucionalmente atribuidas al Poder Legislativo, quien no puede, según el Poder Judicial, ni legislar, ni controlar otros poderes, ni hacer nombramientos, ni aprobar acuerdos, entre otros actos propios de esa rama.

Resulta pertinente, por que resume todo el devastador efecto que ha producido el Poder Judicial sobre la autonomía del Poder Legislativo, la sentencia de la SC-TSJ N° 959, del 22 de noviembre de 2017[238], mediante la cual, se declara la constitucionalidad del Decreto N° 3.157 del 10 de noviembre de 2017, dictado por el Presidente de la República, mediante el cual se prorroga el Estado de Excepción y Emergencia Económica en

---

34/2017, N° 364/2017, N° 383/2017, N° 533/2017; N° 727/2017 y N° 959/2017.

238 http://historico.tsj.gob.ve/sr/Default3.aspx?url=../decisiones/scon/noviembre/205517-959-221117-2017-17-0953.html&palabras=desacato%20asamblea_Nacional.

todo el Territorio Nacional (varias veces reeditado), en la que reiteró el desacato de la Asamblea Nacional y declaró en su dispositivo, lo siguiente:

> 4.- NULO, INEXISTENTE E INEFICAZ cualquier acto en el cual la Asamblea Nacional pretenda desaprobar el Decreto de Estado de Excepción y Emergencia Económica N° 3.157 del 10 de noviembre de 2017, publicado en la Gaceta Oficial N° 41.267 de esa misma fecha.
> 5.- Se REITERA que resultan manifiestamente inconstitucionales y, por ende, absolutamente nulos y carentes de toda vigencia y eficacia jurídica, los actos emanados de la Asamblea Nacional, incluyendo los acuerdos dictados y leyes que sean sancionadas, mientras se mantenga el Desacato a las sentencias del Tribunal Supremo de Justicia.

En el marco de ese choque de trenes, la Asamblea Nacional aprobó el 31 de enero de 2017[239], el "*Acuerdo en defensa de la soberanía popular y de la autonomía y atribuciones de la Asamblea Nacional*", en el que resalta:

> Segundo. Rechazar el bloqueo contra el Parlamento y la violación de las prerrogativas y facultades de los Diputados y Diputadas llevada a cabo por el Gobierno nacional en complicidad con el Tribunal Supremo de Justicia. (...)
> Quinto. Exhortar a los integrantes del Tribunal Supremo de Justicia a que se esfuercen por aproximarse al papel de jueces que la Constitución les asigna y a que se aparten, tanto como puedan, de la subordinación partidista e ideológica en la que se han sumergido.

Como puede fácilmente observarse, existe un choque de trenes entre el Tribunal Supremo de Justicia y la Asamblea Nacional, que ha impactado el diálogo entre ambos poderes, roto de manera abrupta por la declaratoria de desacato de este último y nulos todos sus actos, lo que a nuestro juicio es una evidente violación al principio de separación de poderes que ha

---

239 http://www.asambleanacional.gob.ve/actos/_acuerdo-en -defensa-de-la-soberania-popular-y-de-la-autonomia-y-atri-buciones-de-la-asamblea-nacional. Entre muchos otros acuerdos, la mayoría declarados nulos por las sentencias comentadas.

impactado la vida democrática venezolana, pues se han activado mecanismos de protección a los derechos humanos, como la Carta Democrática Interamericana y otras sanciones que han impuesto sistemas regionales, universales y Estados individualizados.

Esa implementación de sanciones internacionales contra Venezuela, tanto por el sistema interamericano de derechos humanos, MERCOSUR, la Organización de las Naciones Unidas, la Comunidad Europea y algunos países a nivel individual, originadas por el desconocimiento de las atribuciones de la Asamblea Nacional y posteriores actos de instauración de una Asamblea Nacional Constituyente, ha ocasionado un aislamiento del Estado y un nacionalismo exacerbado que impide bajo argumentos de "intervención extranjera", "guerra económica", "imperialismo" o soberanía, aplicar estándares mínimos internacionales en temas de común tratamiento y como consecuencia de ello minimizado el diálogo jurisprudencial indispensable para superar los graves problemas que agobian al venezolano.

3. La Ley de Amnistía y Reconciliación Nacional

Quisimos analizar el debate surgido con ocasión de la Ley de Amnistía y Reconciliación Nacional que había sancionado la Asamblea Nacional el día 29 de marzo de 2016, a pesar de hacer sido citada en el acápite anterior, toda vez que, con ocasión de una solicitud del Presidente de la República formulada como control previo de constitucionalidad, conforme al artículo 214 de la CRBV, la SC-TSJ dictó la sentencia N° 264 del 11 de abril de 2016, en la que se declaró su nulidad por razones de inconstitucionalidad y de inconvencionalidad.

Quisimos dedicarle un espacio a dicha sentencia, por varias razones que impactan el diálogo jurisdiccional, como son la presencia de varios actores en ese diálogo, representado por los que están en franco choque como son la SC-TSJ y la Asamblea Nacional, frente a un cúmulo importante de cita de varias sentencias dictadas por altas cortes foráneas, con un cuantioso análisis del derecho comparado sobre el tratamiento de la amnistía, que son usados como argumentos para declarar la inconstitucionalidad e inconvencionalidad de la ley.

En su primera parte, la sentencia hace un esfuerzo por precisar en qué consisten la amnistía y el perdón, acudiendo a la doctrina extranjera y a varias decisiones de tribunales foráneos, entre ellos cita la sentencia del Tribunal Supremo español del 18 de enero de 2001, sin indicar en número de caso, lo que no es más sino que un simple uso de jurisprudencia extranjera como un argumento de autoridad, de la siguiente manera:

> En este sentido, respecto a las instituciones de gracia, el Tribunal Supremo español, mediante decisión del 18 de enero de 2001, señaló que estas suponen una potestad extraordinaria de intervención de un Pacto Estatal en el ámbito de competencia de otro, el judicial, único al que corresponde, por constitución y por Ley, por eso, (...) es un acto con rasgo de atipicidad en el marco del estado constitucional de derecho. En todo caso se trata de una prerrogativa sujeta a Ley y corresponde al Poder Judicial velar por la efectividad de esa sujeción, precisamente porque comporta cierta derogación del principio de generalidad de la ley penal y de la de independencia y exclusividad de la jurisdicción. Una vez constitucionalmente admitido, su uso está rodeado de cautelas, con objeto de procurar que esos efectos se produzcan de modo que resulte menos perturbador para la normalidad del orden jurídico.

En uno de los ejemplos más gráficos de un falso diálogo, la sentencia acude a la sentencia dictada por la Corte IDH en al caso *Gelman vs Uruguay* del 24 de febrero de 2011, además cita las sentencias *Barrios Altos vs. Perú del* 2001; *La Cantuta vs. Perú del* 2006; *Almonacid Arellano vs. Chile, del* 2006; *y Gomes Lund vs. Brasil, del* 2010, para declarar la nulidad de la Ley de Amnistía y Reconciliación Nacional, por inconvencional, es decir, por un lado, la SC-TSJ declara inejecutables las decisiones de la Corte IDH y por el otro las usa como argumentos para declarar su nulidad, en una suerte de control de convencionalidad. El fallo, en su parte pertinente expresa:

En el caso de las amnistías, resulta esclarecedor el criterio de la Corte Interamericana de Derechos Humanos contenido en la sentencia del 24 de febrero de 2011 (caso: "Gelman vs. Uruguay"), que condenó a Uruguay por la desaparición forzada de ciudadana María Claudia García Iruretagoyena de Gelman y el nacimiento en cautiverio de su hija, durante la dictadura militar en ese país, en el fallo, la Corte sostuvo que Uruguay debía remover todo impedimento que permitiera la impunidad de los responsables del hecho, ya que consideró que la Ley 15.848 de Caducidad de la Pretensión Punitiva del Estado, promulgada el 22 de diciembre de 1986, que imposibilitaba que fueran llevados a juicio quienes habían cometido graves violaciones de derechos humanos durante la dictadura militar, resultaba carente de efectos jurídicos, dada su incompatibilidad con la Convención Americana de Derechos Humanos y la Convención Interamericana sobre Desaparición Forzada de Personas, para lo cual consideró que no constituía un obstáculo para dejar sin efecto a la Ley, el hecho de que la misma fue aprobada democráticamente por el órgano legislativo (en ejercicio de la democracia representativa), y respaldada popularmente a través de dos consultas directas con la ciudadanía (como manifestaciones de la participación en el marco de la democracia directa).

La Corte Interamericana de Derechos Humanos, en el apartado 238 de la referida decisión, estableció que:

"[e]l hecho de que la Ley de Caducidad haya sido aprobada en un régimen democrático y aún ratificada o respaldada por la ciudadanía en dos ocasiones no le concede, automáticamente ni por sí sola, legitimidad ante el Derecho Internacional. La participación de la ciudadanía con respecto a dicha Ley, utilizando procedimientos de ejercicio directo de la democracia...se debe considerar, entonces, como hecho atribuible al Estado y generador, por tanto, de la responsabilidad internacional de aquél".

Asimismo, en su considerando 239, la mencionada Corte clarificó y extendió su posición en la materia al afirmar que:

"[l]a sola existencia de un régimen democrático no garantiza, per se, el permanente respeto del Derecho Internacional, incluyendo al Derecho Internacional de los Derechos Humanos, lo cual ha sido así considerado incluso por la propia Carta Democrática Interamericana. La legitimación democrática de determinados hechos o actos en una sociedad está limitada por las normas y obligaciones internacionales de protección de los derechos humanos reconocidos en tratados como la Convención Americana".

Bajo tales argumentos, la Corte Interamericana de Derechos Humanos desestimó la validez a la Ley de Caducidad, sentando a la par de las consideraciones expuestas supra su criterio en relación con las dos consultas directas planteadas por el gobierno uruguayo a la ciudadanía de ese país, mediante un referéndum en abril de 1989 -conforme al párrafo 2 del artículo 79 de la Constitución del Uruguay- y un plebiscito sobre un proyecto de reforma constitucional el 25 de octubre del año 2009 -conforme al literal A del artículo 331 de la Constitución del Uruguay-.

El fallo de la Corte, por lo demás es cónsono con anteriores pronunciamientos en la materia, como se advierte de la lectura de los fallos en los casos: Barrios Altos vs. Perú del 2001; La Cantuta vs. Perú del 2006; Almonacid Arellano vs. Chile, del 2006; y Gomes Lund vs. Brasil, del 2010; pues dicho órgano jurisdiccional reiteró en la referida decisión de "Gelman vs. Uruguay", en considerando 226 señaló que las amnistías:

"impiden la investigación y sanción de los responsables de las violaciones graves de los derechos humanos y, consecuentemente, el acceso de las víctimas y sus familiares a la verdad de lo ocurrido y a las reparaciones correspondientes, obstaculizando así el pleno, oportuno y efectivo imperio de la justicia en los casos pertinentes, favoreciendo, en cambio, la impunidad y la arbitrariedad, afectando, además, seriamente el estado de derecho, motivos por los que se ha declarado que, a la luz del Derecho Internacional, ellas carecen de efectos jurídicos".

El fallo cita una sentencia de la Corte Suprema de Colombia del 26 de mayo de 1982, sobre la diferencia del delito común y el político, sin tener el cuidado de analizar el impacto que tuvo la Constitución de 1991 en ese país, la firma de los tratados sobre la paz y el impacto que han tenido las decisiones de su Corte Constitucional por posturas asumidas en favor del control de convencionalidad y respeto de los pactos internacionales en materia de derechos humanos. El fallo prevé:

> Sobre la diferenciación entre el delito común y el político, la Corte Suprema de Colombia, en fallo del 26 de mayo de 1982, sostuvo que:

> Haciendo un parangón entre el delito común y el delito político, por su aspecto subjetivo, se ha dicho que en el primero el agente realiza el hecho casi siempre con móviles innobles, movido o bajo el influjo de pasiones desbordadas, con perversidad o con fines de venganza. Por el contrario, en el segundo, los móviles son casi siempre políticos o de interés común: la aspiración a lograr un replanteamiento de las condiciones económicas, políticas y sociales de una sociedad son, por regla general, los factores determinantes de esta clase de delincuentes.
> (...)
> Si estas son las características de este delito, cabe precisar: 1. Que envuelve siempre un ataque a la organización política e institucional del Estado; 2. Que se ejecuta buscando el máximo de trascendencia social y de impacto político; 3. Que se efectúa en nombre y representación real o aparente de un grupo social o político; 4. Que se inspira en propósitos políticos y sociales determinables; y 5. Que se comete con fines reales o presuntos de reivindicación política.

La sentencia realiza un análisis superficial del tratamiento de la amnistía en algunas constituciones, citando las que no lo citan pero no lo prohíben y las que incluyen los delitos políticos pero no prohíben su amnistía, lo que podría acercarse a figuras como el préstamo constitucional (borrowing), descrito con anterioridad, en el que se pueda importar un sistema constitucional para solucionar un asunto complejo y puntual, en este caso, el perdón entre grupos en conflicto. En fallo, expresa lo siguiente:

> En efecto, si bien no todos los sistemas de derecho comparado ni las diferentes Constituciones dan cobijo a las diversas manifestaciones de la gracia (v. gr. las Constituciones de Alemania, Austria, Bélgica, España, Estados Unidos, Irlanda y Luxemburgo no hacen referencia a la amnistía, aunque no la prohíben), existen diversos países en los cuales -como las Constituciones de Colombia, El Salvador, Grecia, Guatemala, República Dominicana, entre otras- se prevé para los supuestos de delitos políticos, e incluso países en los que se ha prohibido expresamente para los demás casos; ello en virtud de que como apunta AGUADO RENEDO C. (Problemas constitucionales del ejercicio de la potestad de gracia, Madrid, Civitas, 2001, p. 38.) "es en los supuestos de delitos políticos

donde la amnistía encuentra su más desarrollada forma de ejercicio".

En una franca contradicción, luego de citar varias sentencias de la Corte IDH sobre el tratamiento de las leyes del perdón o amnistía (caso *Gelman vs Uruguay*, entre otras), recuerda que Venezuela denunció la CADH y que está desligada a las obligaciones allí asumidas, lo que no dudo en calificar como un falso diálogo, donde son utilizadas a conveniencia el *corpus iuris* interamericano o decisiones de sus órganos especializados para justificar su nulidad. El fallo, en su parte pertinente señala:

> Adicionalmente, es pertinente para la Sala reiterar en esta oportunidad, que si bien Venezuela ratificó la Convención Americana sobre Derechos Humanos el 23 de junio de 1977 (cuya Ley Aprobatoria fue publicada en Gaceta Oficial número 31.256 del 14 de junio de 1977), y los días 9 de agosto de 1977 y 24 de junio de 1981 reconoció expresamente las competencias de la Comisión Interamericana y de la Corte Interamericana de Derechos Humanos, respectivamente (cfr. sentencia número 1.547 del 17 de octubre de 2011), también lo es, que el 10 de septiembre de 2012, la República Bolivariana de Venezuela denunció la Convención Americana sobre Derechos Humanos. En consecuencia, la denuncia produjo efecto el 10 de septiembre de 2013, por lo que a partir de allí, el Estado venezolano está desligado de las obligaciones contenidas en esta Convención en lo que concierne a todo hecho que, pudiendo constituir una violación de esas obligaciones, haya sido cumplido por él anteriormente a la fecha en la cual la denuncia produce efecto (cfr. Sentencia de esta Sala número 1.175 del 10 de septiembre de 2015).

En una evidente contradicción, la SC-TSJ, alude a los compromisos internacionales asumidos por Venezuela en la Declaración Universal de los Derechos Humanos de 1948, el Protocolo de 1967 sobre el Estatuto de los Refugiados y con mayor énfasis en la Convención sobre Asilo Territorial, adoptada en Caracas por la X Conferencia Internacional de la Organización de Estados Americanos el 28 de marzo de 1954, para concluir que las decisiones que se adopten en ese aspecto son funciones inherentes al Poder Judicial venezolano, aduciendo para ello razones de autodeterminación, soberanía y privación del derecho interno, lo que en mi criterio es una invocación de la tesis del margen de apreciación, para justificar el no cumplimiento de esas obligaciones asumidas en los aludidos pactos sobre la materia de refugio, asilo y amnistía.

> Por otra parte, históricamente el Estado venezolano reconoce y garantiza el derecho de asilo y refugio: así, la Constitución de la República Bolivariana de Venezuela, respeta las disposiciones que sobre el particular establecen los convenios, acuerdos y tratados internacionales sobre la materia, tales como la Declaración Universal de los Derechos Humanos de 1948, el Protocolo de 1967 sobre el Estatuto de los Refugiados, la Convención de Caracas sobre Asilo Diplomático de 1954, la Convención de Caracas sobre Asilo Territorial de 1954, entre otras normas. En este sentido, especial referencia cabe hacer a la mencionada Convención sobre Asilo Territorial, adoptada en Caracas por la X Conferencia Internacional de la Organización de Estados Americanos el 28 de marzo de 1954, pues si bien Venezuela es signataria de esta Convención, sin embargo, el derecho de todo Estado, en ejercicio de su soberanía, a admitir dentro de su territorio a las personas que juzgue conveniente, sin que por el ejercicio de este derecho ningún otro Estado pueda ejercer reclamo alguno, a juicio de esta Sala no puede sustentar la declaratoria de amnistía por parte de los órganos del Poder Judicial venezolano, pues ello implicaría su sometimiento a un ordenamiento jurídico extranjero, vulnerando así los derechos a la soberanía, independencia, autodeterminación nacional inherentes al Estado venezolano y a sus instituciones, así como los principios y normas de derecho internacional en la materia.
>
> De allí que sea imprescindible para esta Sala, reiterar, una vez más, que la soberanía, independencia, autonomía y autodeterminación nacional, constituyen derechos irrenunciables del Estado Venezolano y, por tanto, son inherentes a las funciones que constitucional y legalmente tiene atribuido su Poder Judicial (artículo 2 constitucional).

Concluye la aludida sentencia declarando la nulidad del artículo 9 de la Ley de Amnistía y Reconciliación Nacional, por violación del artículo 60 de la CRBV, el artículo 19 del Pacto

Internacional de Derechos Civiles y Políticos y el artículo 29.2 de la Declaración Universal de Derechos Humanos, en los siguientes términos:

> De allí, que aprecia esta Sala que los postulados previstos en el artículo 9 de la Ley de Amnistía y Reconciliación Nacional, vulneran el artículo 60 del Texto Fundamental así como lo dispuesto en el artículo 19 del Pacto Internacional de Derechos Civiles y Políticos y el artículo 29.2 de la Declaración Universal de Derechos Humanos, al pretender anular el derecho de acción que tienen los afectados de solicitar ante los tribunales de justicia el restablecimiento de la situación jurídica infringida, cuando han sido dañados en su honor y reputación, así como de obtener la decisión correspondiente en los causas que se encuentren en curso; pretendiendo anular con ello unos de los rasgos fundamentales del estado de derecho, como lo es la justicia. Así se decide.

Es evidente que en el caso de la nulidad de la Ley de Amnistía y Reconciliación Nacional, la SC-TSJ utiliza sentencias dictadas por tribunales extranjeros como argumentos de autoridad, sin siquiera precisar si son trasladables a nuestro país o si están superados esos criterio en los países de origen. Además, declara la nulidad de la ley, utilizando como argumentos la contradicción con el corpus iuris interamericano y decisiones de la Corte IDH, no sin antes recordar que Venezuela denuncia la CADH, lo que configura un falso diálogo.

CONCLUSIONES Y RECOMENDACIONES

El tema del diálogo jurisprudencial es contemporáneo, con una expansión derivada de fenómenos como la masificación del uso del internet, la globalización, la mundialización del derecho internacional de los derechos humanos y la constitucionalización del ordenamiento jurídico, que ha conducido a la necesaria comunicación interjudicial entre las altas cortes de justicia internacionales, las altas cortes nacionales y entre ambas, en procura de buscar mediante un lenguaje común, la solución de asuntos medulares y prevenir otros que puedan presentarse. Para lograr ese diálogo jurisprudencial, se evidencia cada vez más la constante circulación de ideas entre las altas cortes (nacionales y/o extranjeras), migrando los criterios de un sistema a otro e impactando incluso el sistema receptor, bien en un aspecto específico o en el núcleo duro de sus instituciones.

Procuramos desarrollar el tema del diálogo jurisprudencial, partiendo de las grandes diferencias en su tratamiento, tanto por los sistemas del *civil law* como del *common law*, pasando por los diferentes tipos de visiones sobre la recepción de sentencias de tribunales foráneos, mediante la utilización de conceptos como el de soberanía nacional o margen de apreciación, para descartarlas o adaptarlas, apuntalando a las altas cortes de esos países como aquellos que detentan el monopolio en la resolución de los grandes asuntos, con el peligro que se convierta en un gobierno de los jueces.

Al indagar sobre la influencia del constitucionalismo contemporáneo en el diálogo jurisprudencial, nos topamos con factores comunes que lo impactan, como la globalización, protección universal de los derechos humanos, inmigración y seguridad nacional, uso masivo del internet, integración y la búsqueda de un ciudadano cosmopolita, que rompen la concepción tradicional de estudio sistemático de las Constituciones, sus instituciones y los mecanismos de control constitucional, por una búsqueda de métodos propios de los comparatistas para la solución de asuntos análogos como la integración, implantación, importación o migración de ideas, instituciones, sentencias, sistemas o legislación foránea.

Esa necesaria vinculación entre el constitucionalismo y el diálogo jurisprudencial es producto de la relevancia que tienen los tribunales especializados en justicia constitucional, en el orden interno, con la doble función de órgano de cierre en la interpretación de los derechos fundamentales y de integración de las decisiones adoptadas por otros tribunales foráneos. Ello impuso el análisis de la argumentación de las decisiones de esas altas cortes nacionales, para poder precisar si se trata simplemente de argumentos de autoridad para adornarlas o existe reciprocidad, pertinencia y justificación en su uso.

Destacamos la influencia que han tenido las altas cortes internacionales en materia de derechos humanos para el tema del diálogo jurisprudencial, originando a través de sus decisiones un verdadero intercambio de ideas con las altas cortes nacionales (e incluso todos los demás poderes públicos), producto de lo que han denominado como control de convencionalidad, que las sitúa como únicos tribunales que pueden interpretar los derechos consagrados en los pactos que sustentan su actuar, obligando a los Estados partes de ese convenio a cumplir con esas decisiones.

Procuramos diferenciar figuras afines al diálogo jurisprudencial, como el préstamo constitucional (*borrowing*), los cruces de fertilización (*cross-fertilization*) y los trasplantes legales (*legal transplantation*), por las que se importan instituciones foráneas a un país receptor, de manera plena o progresiva, o se incorpora legislación extranjera para aprovechar experiencias exitosas en los países exportadores. Consideramos que la principal diferencia entre las figuras antes mencionadas y el diálogo jurisprudencial es que esta última se limita a la migración de ideas de una alta corte internacional a una nacional, no interviniendo otros poderes públicos como el parlamento o el ejecutivo, como si ocurre en las demás; a pesar de esa diferencia, no son excluyentes, pues de una implantación de un sistema constitucional de un país a otro (caso de la solución del conflicto en los Balcanes), deriva la integración de esas ideas o legislación foránea por todos los poderes públicos, entre ellos lógicamente las altas cortes nacionales.

Logramos demostrar que en Venezuela se produce un falso diálogo jurisprudencial, cuando la SC-TSJ declaró inejecutables 3 sentencias condenatorias, dictadas en su contra por parte de la Corte IDH, bajo los argumentos de incompatibilidad con el ordenamiento jurídico interno, de soberanía nacional, de vulneración del principio de autodeterminación, de incompatibilidad entre el propio corpus iuris interamericano y de contradicción en los motivos de las sentencias recibidas, exhortó al Ejecutivo Nacional a denunciar la CADH, lo que se materializó; pero la propia SC-TSJ ha declarado inconstitucionales e inconvencionales normas de rango sublegal, decisiones judiciales y actos de otros Poderes Públicos, en ejercicio de control concentrado o control difuso, usando como argumentos para llegar a tal determinación el propio corpus iuris interamericano o las sentencias de la Corte IDH, lo que una evidente contradicción. Una posible explicación de esa aplicación selectiva por parte de la SC-TSJ de los convenios internacionales sobre derechos humanos para resolver un asunto interno, la encontramos en la internalización de ese derecho por efecto del *ius cogens*, que estaría por encima incluso de la letra escrita o de los derechos formalmente reconocidos.

El efecto que ha tenido la postura de la SC-TSJ al recibir las decisiones, interpretaciones, consultas o medidas cautelares dictadas por la Corte IDH o la CIDH, ha incidido notablemente en el diálogo jurisprudencial, por cuanto ha desprovisto al juez interno de la posibilidad de aplicar el control de convencionalidad, únicamente reservado en única y última instancia, como órgano de apertura y cierre, a la SC-TSJ.

Logramos demostrar que la SC-TSJ ejerce un control de convencionalidad, a la inversa, es decir, controla la CADH cuando aplica un test de compatibilidad de las decisiones dictadas por la Corte IDH para ser recibidas por el ordenamiento jurídico venezolano. Además, la SC-TSJ, aplica una suerte de control de convencionalidad, cuando ha declarado nulas algunas recientes leyes bajo el argumento de violación del corpus iuris interamericano o de alguna interpretación que de la convención hace la propia Corte IDH.

Consideramos que los actos de seguimiento dictados por la Corte IDH, para corroborar el cumplimiento de las sentencias condenatorias dictadas contra Venezuela, se convierten en un verdadero diálogo correctivo y a veces conflictivo, cuando recuerdan a la SC-TSJ el incumplimiento de sus obligaciones internacionales asumidas en los pactos, contestan los argumentos que ha esgrimido la SC-TSJ en las sentencias donde niega la ejecución de sentencias y busca los mecanismos convencionales para lograr la ejecución voluntaria del mismo.

Evidenciamos un diálogo conflictivo entre el Poder Judicial venezolano y la Sala Constitucional de Costa Rica, cuando negaron la extradición de un ciudadano a Venezuela, bajo el argumento de la disminución de garantías jurídicas por la denuncia de la CADH.

No encontramos ningún patrón que permita afirmar la existencia de un diálogo entre la SC-TSJ y la Corte Constitucional italiana, la Corte Constitucional Colombiana, la Corte Suprema de los Estados Unidos o el Tribunal Federal Constitucional alemán, ya que las sentencias que cita la primera de las nombradas las hace como argumentos de autoridad para justificar sus decisiones, como adornos, sin meditar siquiera el impacto en el país exportador de la idea, el contexto o su vigencia. A pesar de ello, logramos demostrar que las sentencias citadas por la SC-TSJ de la Corte Constitucional italiana son bastante antiguas y no evidencia un estudio de su prolífica y reciente jurisprudencia. En el caso de la Corte Constitucional colombiana, constatamos que hay un patrón en aumento desde 2010, lo que puede ser producto de la cercanía entre los países y la barrera idiomática que facilita la migración de ideas.

Constatamos el gran impacto que tienen las más de 552 sentencias del Tribunal Constitucional español citadas por la SC-TSJ, sobre el diálogo jurisprudencial, configurándolo en su tipología de unidireccional o monólogo, ya que no consigue respuesta por el exportador de la idea. Las sentencias del Tribunal Constitucional español son usadas en Venezuela para solucionar un grupo importante de más de 50 derechos y garantías constitucionales.

El choque de trenes que se ha producido desde finales de 2015 a la presente fecha, entre la SC-TSJ y la Asamblea Nacional, patentizada por 64 sentencias donde la ha desprovisto de sus competencias y declarado nulos todos sus actos legislativos o acuerdos, ha incidido directamente en el tema del diálogo jurisprudencial, ya que han intervenido actores extranjeros para imponer sanciones por violación de principios democráticos, produciendo sanciones contra los propios Magistrados de la SC-TSJ, que han conducido a un aislamiento por no considerarlo un interlocutor válido.

Nuestra primera recomendación es la reincorporación inmediata de Venezuela a la CADH, lo que supondría volver a reconocer la competencia de los órganos especializados del sistema interamericano para la protección de los derechos humanos, pues en definitiva, la denuncia de la CADH ha operado contra el débil jurídico que es el ciudadano. Creemos además, que la denuncia de la CADH es inconstitucional y no puede tener efectos jurídicos, ya que la propia CRBV les da rango constitucional a los acuerdos suscritos por la República en materia de derechos humanos, de allí que, somos de los que consideramos existe una cláusula pétrea en la CRBV que impide el retiro de la CADH.

Consideramos que el reconocimiento de la competencia de la Corte IDH y la CIDH por parte del Gobierno de Venezuela, incidirá de manera directa en la solución de las grandes calamidades que ha producido una justicia parcializada por interpretaciones ideologizadas, mediante la instrumentalización de estándares universalmente aceptados en materia de derechos humanos. Para ello destacamos la labor del diálogo jurisprudencial como elemento que permitirá la solución de la violación sistemática de los derechos humanos por parte del Gobierno de Venezuela, lo que es perfectamente posible con el cumplimiento del artículo 23 de la CRBV, que obligaría a los jueces a aplicar preferentemente, por ejercicio del control de convencionalidad, las decisiones de los órganos que conforman el sistema interamericano de derechos humanos.

Nosotros proponemos que se convierta más allá de un gobierno de los jueces, en un diálogo entre jueces, para poder encontrar soluciones producto de la meditación necesaria, que sean producto de una comunicación fluida entre órganos reconocidos y moralmente irreprochables, logrando impactar con sus decisiones a un grupo mayor de los actores en ese caso específico.

Como contrapartida al retorno a la CADH por parte de Venezuela, recomendamos que los órganos especializados en la protección de los derechos humanos, tanto en el sistema interamericano como en el universal de los derechos humanos, se acerquen a la SC-TSJ, mediante foros, convenios, intercambios u otros mecanismos de diálogo interinstitucional que permitan fluir las ideas e impactar con las grandes decisiones que allí se hayan adoptado.

Reconocemos que hasta que la SC-TSJ no haga el esfuerzo por acercarse a los organismos especializados en la protección de los derechos humanos, no va a ser reconocido como un interlocutor válido en esa comunicación, por lo que no será un diálogo hasta tanto se haga un giro exponencial en lo que se trata de ejecución, recepción e interpretación conforme de las obligaciones decisiones adoptadas por aquellos, por parte de los órganos del Estado, comenzando por la alta corte.

Nuestra segunda recomendación está dirigida a evitar el incorrecto uso de la jurisprudencia extranjera por parte de la SC-TSJ, extensible a otros tribunales nacionales, al limitarlo a la *ratio decidendi* y no como se ha implementado en el *obiter dictum*, es decir, usarlo para la solución de un caso concreto y vincularlo al caso que pretende importarse de otro ordenamiento jurídico mediante la debida motivación sobre su similitud y conveniencia.

Aunado a lo anterior, sugerimos que cuando se cite una sentencia de un tribunal foráneo, se haga de manera correcta, indicando la fuente de proveniencia (web, doctrina, anuario, etc.) y no limitarse a indicar una fecha sin número de fallo o caso específico, pues impide hacer el debido análisis sobre la pertinencia de su uso.

Consideramos fundamental que se comience a impartir en las escuelas de derecho y de la judicatura, materias vinculadas al control de convencionalidad, interpretación constitucional, argumentación y tipología de las sentencias constitucionales, valor del precedente constitucional, uso de la jurisprudencia extranjera, que permitan masificar su estudio e incentivar su correcta aplicación.

Pretendemos que este trabajo influya en una mejor utilización de la sentencia extranjera por parte de la SC-TSJ, tomándose el tiempo necesario para indagar sobre la compatibilidad entre la ideas migradas y no importar ideas que son contrarias a la idiosincrasia, cultura y valores que históricamente caracterizan a los venezolanos.

Finalmente, esperamos que algunas de estas ideas sirvan de génesis para futuros debates sobre la forma de reinstitucionalización del ordenamiento jurídico, mediante la adopción de lo mejor de nuestra experiencia y con apoyo de la mejor jurisprudencia, leyes y sistemas constitucionales foráneos.

BIBLIOGRAFÍA

ACOSTA ALVARADO, Paula Andrea; *Diálogo judicial y constitucionalismo multinivel. El caso interamericano*; Universidad Externado; Colombia; 2015.

AGUILÓ, Josep; *La Constitución del Estado Constitucional*; Temis; Bogotá; 2004.

AMAYA, Jorge Alejandro; "El diálogo interjurisdiccional entre tribunales extranjeros e internos como nueva construcción de las decisiones judiciales"; en http://acdpc.co/images/ACONGRESO/lectura4.pdf.

ARAGÓN REYES, Manuel; "La Constitución como paradigma"; en *Teoría del neoconstitucionalismo*; Editorial Trotta e Instituto de Investigaciones Jurídicas UNAM; 2007.

ATIENZA, Manuel; *Interpretación constitucional*; Universidad Libre; Colombia; 2010.

__; "Constitución y argumentación; en *Derecho Constitucional", Neoconstitucionalismo y Argumentación Jurídica*; Edilex Editores; Guayaquil, Ecuador; 2010.

__; "Constitucionalismo, globalización y derecho"; en *El Canon Neoconstitucional*; Editorial Trotta e Instituto de Investigaciones Jurídicas de la UNAM; 2010.

__; *Curso de argumentación jurídica*; Editorial Trotta; 2da Reimpresión; Madrid; 2013.

AYALA CORAO, Carlos; "Hacía el control de convencionalidad"; en *Justicia Constitucional en el Estado Social de Derecho*; Funeda; Caracas; 2012.

__; *Del Diálogo jurisprudencial al control de convencionalidad*; Editorial Jurídica Venezolana; Colección de Estudios Jurídicos N° 98; Caracas; 2012.

__; "La mundialización de los derechos humanos"; en *La mundialización del Derecho*; Academia de Ciencias Políticas y Sociales, Seria Foros N° 3; Caracas, 2009.

BADER GINSBURG, Ruth; "Looking beyond our borders: The value of a comparative perspective in constitutional adjudication"; en *It is a constitution we are expounding; American Constitution Society for law and policy*; Washington; 2009.

BALAGUER CALLEJÓN, María Luisa; *Interpretación de la Constitución y Ordenamiento Jurídico*; Tecnos; Madrid; España; 1997.

BARBERIS, Mauricio; "El Neoconstitucionalismo, Third Theory of Law"; en *Neoconstitucionalismo, Derecho y Derechos*; Palestra; Lima; 2011.

BAZÁN, Víctor; "¿De qué hablamos cuando hablamos de control de convencionalidad y diálogo jurisdiccional?"; *Revista peruana de Derecho Público*; N° 29; Perú; 2014.

BREWER-CARÍAS, Allan; *Comentarios a la Ley sobre Justicia Constitucional*; Oim Edotial S.A.; Honduras; 2012.

__; *Derecho procesal constitucional. Instrumentos para la Justicia Constitucional*; Editorial Investigaciones Jurídicas; Costa Rica; 2012.

__; *Constitutional Protection of Human Rigths in Latin America*; Cambridge University Press; 2009.

__; *La Justicia Constitucional (procesos y procedimientos constitucionales)*; Editorial Porrúa; México, D.F.; 2007.

BLANCO ZUÑIGA, Gilberto A.; *De la interpretación legal a la interpretación constitucional*; Ibáñez; Bogotá; 2010.

BUSTOS GISBERT, Rafael; "XV Proposiciones generales para una teoría de los diálogos judiciales"; *Revista Española de Derecho Constitucional*; N° 95; Mayo-Agosto 2012; Centro de Estudios Políticos y Constitucionales; Madrid; 2012.

CARBONELL, Miguel; "Introducción General al Control de Convencionalidad"; en: http://biblio.juridicas.unam.mx/libros/7/3271/11.pdf.

__; El Neoconstitucionalismo en su laberinto; en *Teoría del Neoconstitucionalismo*; Editorial Trotta; Madrid; 2007.

__; Neoconstitucionalismo; en *Diccionario de Derecho Procesal Constitucional y Convencional*; Tomo II, UNAM; 2014.

CASAL, Jesús María; *La justicia constitucional y las transformaciones del constitucionalismo*; UCAB-KAS; Caracas, Venezuela; 2015.

CANÇADO TRINDADE, Antônio A.; *El derecho internacional de los derechos humanos en el Siglo XXI*; Editorial Jurídica de Chile; Segunda Edición; 2006.

COMANDUCCI, Paolo; "Formas de (Neo) Constitucionalismo: Un análisis metateórico"; *Isonomía* N° 16; 2002.

CORREA SOUZA DE OLIVEIRA, Fábio y STRECK, Lenio Luiz; "El muevo constitucionalismo latinoamericano: reflexiones sobre la posibilidad de construir un Derecho Constitucional común"; en *Anuario Iberoamericano de Justicia Constitucional*; Centro de Estudios Políticos y Constitucionales; Madrid; N° 18; 2014.

DELGADO, Francisco; *Chavismo y derecho*; Editorial Galipán; Caracas; 2017.

DEL TORO HUERTA, Mauricio; "Jurisdicciones constitucionales y tribunales internacionales"; en *I Congreso Internacional sobre Justicia Constitucional*; UNAM, México; 2009.

DÍAZ REVORIO, Francisco Javier; *Valores superiores e interpretación constitucional*; Centro de Estudios Políticos y Constitucionales; Madrid; 1997.

DUEÑAS RUIZ, Óscar José; *Lecciones de hermenéutica jurídica*; Séptima Edición; Editorial Universidad del Rosario; Bogotá; 2015.

DUQUE CORREDOR, Román J.; *Sistema de fuentes de derecho constitucional y técnicas de interpretación constitucional*; Ediciones Homero; Caracas; 2014.

EPSTEIN, Lee y KNIGHT, Jack; Constitutional borrowing and Nonborrowing; consultado en: http://scholarship.

law.duke.edu/cgi/viewcontent.cgi?article=6086&context =faculty_scholarship.

EZQUIAGA GANUZAS, Francisco Javier; *La argumentación en la justicia constitucional*; Editorial y librería jurídica Grijley; Perú; 2013.

FERRAJOLI, Luigi; "Sobre los Derechos Fundamentales"; en *Teoría del Neoconstitucionalismo*; Editorial Trotta; Madrid; 2007.

FIX-ZAMUDIO, Héctor; "Relaciones entre la Corte Interamericana de Derechos Humanos y los tribunales constitucionales nacionales"; en *I Congreso Internacional sobre Justicia Constitucional*; UNAM, México; 2009.

GARCÍA AMADO, Juan Antonio; "Derechos y Pretextos. Elementos de Crítica del Neoconstitucionalismo"; en *Derecho Constitucional, Neoconstitucionalismo y Argumentación Jurídica*; Edilex Editores; Guayaquil, Ecuador; 2010.

GARCÍA DE ENTERRÍA, Eduardo, *La Constitución como norma y el Tribunal Constitucional*, Civitas, 1ra Edición; Madrid; España; 1981.

GARCÍA-PELAYO, Manuel; "Estado Legal y Estado Constitucional de Derecho"; *Revista de la Facultad de Ciencias Jurídicas y Políticas* N° 82; Universidad Central de Venezuela; Caracas; 1991.

GARCÍA ROCA, Francisco Javier; "El Diálogo entre el Tribunal Europeo de Derechos Humanos y los Tribunales Constitucionales en la construcción de un orden público Europeo"; *Teoría y Realidad Constitucional*, N° 30, 2012.

GARGARELLA, Roberto; "El nuevo constitucionalismo dialógico, frente al sistema de los frenos y contrapesos"; en: http://www.derecho.uba.ar/academica/posgrados/ 2014-roberto-gargarella.pdf.

GARZÓN BUENAVENTURA, Edgar Fabián; "Circulación Judicial, Trasplantes Jurídicos (Control de Convencionalidad)"; en *La*

Administración de Justicia en el Estado Constitucional; Librería y Editorial Barrios & Barrios; Panamá; 2015.

GRIMM, Dieter; *Constitucionalismo y derechos fundamentales*; Editorial Trotta; 2006.

GIL FORTOUL, José; *Filosofía Constitucional*; Editorial Cecilio Acosta; Caracas, 1940.

GOLDSWORTHY, Jeffrey, "Australia: devotion to legalism", en *Interpreting constitutions*, Oxford University Press; New York; USA; 2006.

GOZAÍNI, Oswaldo Alfredo, *Sentencias constitucionales*; Librería & Editorial Barrios & Barrios; Panamá; 2014.

GRIMM, Dieter; *Constitucionalismo y derechos fundamentales*; Editorial Trotta; 2006.

GUASTINI, Riccardo; *Teoría e ideología de la interpretación constitucional*; Mínima Trotta; 2da Edición; Madrid; 2010.

__; "A Propósito del Neoconstitucionalismo; Gaceta Constitucional" N° 67; extraído del portal www. gacetaconstitucional.com.pe/sumario-cons/.../art.%20 Guastini.pdf.

__; "Sobre el concepto de Constitución"; *en Teoría del Neoconstitucionalismo*; Editorial Trotta e Instituto de Investigaciones Jurídicas UNAM; 2007.

HALABI, Sam; "Constitutional Borrowing as Jurisprudential and Political Doctrine in Shri DK Basu v. State of West Bengal"; consultado en: http://digitalcommons. law.utulsa.edu/cgi/viewcontent.cgi?article=1255&context =fac _ pub.

HERNÁNDEZ-BRETÓN, Eugenio; "Uso inapropiado de la doctrina extranjera y desconocimiento del derecho internacional (público y privado): apuntes para un estudio de la derogación convencional de la jurisdicción (art. 2 CPC venezolano)"; *Revista de la Fundación de la Procuraduría General de la República* N° 8; Caracas; 1993.

__; "Sueño o pesadilla de un comparatista: El derecho en Sudamérica"; *Revista de la Facultad de Ciencias Jurídicas y Políticas de la Universidad Central de Venezuela* N° 109; Caracas; 1998.

HITTERS, Juan Carlos; *Control de constitucionalidad y convencionalidad. Comparación (Criterios fijados por la Corte Interamericana de Derechos Humanos)*; Estudios Constitucionales; Centro de Estudios Constitucionales de Chile; Año 7 N° 2; 2009.

__; "El control de convencionalidad: avances y retrocesos"; *Revista Peruana de Derecho Público* N° 29; Perú; 2014.

HABËRLE, Peter; *El Estado Constitucional; Instituto de Investigaciones Jurídicas de la* UNAM; Serie Doctrina Jurídica N° 47; Primera Reimpresión; México; 2003.

HESSE, Conrado; "Constitución y Derecho Constitucional"; en *Manual de Derecho Constitucional*, 2da Edición; Marcial Pons; Madrid, España; 2001.

HOGG, Peter W.; "Canada: Privy Council to Supreme Court"; en *Interpreting constitutions*, Oxford University Press; New York; USA; 2006.

KELSEN, Hans; *La Garantía jurisdiccional de la Constitución*; UNAM; México; 1974.

__; *¿Quién debe ser el defensor de la Constitución?*; Editorial Tecnos; Madrid; 1999.

KABBERS, Jan, PETTERS, Anne; *The constitutionalization of international law*; Oxford; 2009.

KOCH, Charles H. Jr; "Judicial dialogue for legal multiculturalism"; consultado en: http://scholarship.law. wm. edu/cgi/view content.cgi?article=1225&context=facpubs.

LARES MARTÍNEZ, Eloy; "El concepto de la Constitución en la edad contemporánea"; en 200 *años del Colegio de Abogados*; Tomo I; Ávila Arte; Caracas, 1989.

JACOBS, Francis; "Judicial Dialogue and the Cross-Fertilization of Legal Systems: The European Court of Justice";

pp 547-548; en: http://www.tilj.org/content/ journal /38 /num3/Jacobs547.pdf.

MEIER GARCÍA, Eduardo; *La eficacia de las sentencias de la Corte Interamericana de Derechos Humanos frente a las prácticas ilegítimas de la Sala Constitucional*; Academia de Ciencias Políticas y Sociales; Serie Estudios; Caracas; Venezuela; 2014.

MIRANDA BONILLA, Haideer; *Diálogo Judicial Interamericano*; Ediciones Nueva Jurídica; Bogotá; 2016.

__; "La tutela multinivel de los derechos fundamentales y el diálogo entre Cortes en América Latina", en Boris Barrios González y Luris Barrios Chaves (coords.) *El Constitucionalismo de los Derechos*. Ed. Boris & Barrios, Panamá; 2014.

__; "El diálogo entre cortes en el espacio convencional en Europa: algunas cuestiones actuales". En http://acdpc.co/images/ACONGRESO/lectura5.pdf.

__; "El control de convencionalidad como instrumento de diálogo jurisprudencial en América Latina", *Revista Jurídica IUS Doctrina*. Universidad de Costa Rica; N° 12; 2015.

MONROY CABRA, Marco Gerardo; "Concepto de Constitución", extraído de la Biblioteca virtual de la UNAM y del portal https://revistas-colaboracion.juridicas.unam.mx/index.php/anuario-derecho-constitucional/article/view/ 30245/27301.

NIEMBRO ORTEGA, Roberto; "Desenmascarando el constitucionalismo autoritario"; en: *Constitucionalismo progresista: Retos y perspectivas*; UNAM; Querétaro; México, 2016.

NOGUEIRA, Humberto; "Control de convencionalidad, diálogo interjurisdiccional y jurisprudencia del Tribunal Constitucional en periodo 2006 - 2011".

OLANO, Hernán; "¿Qué es la Constitución?. Referencia a propósito del bioterismo constitucional"; extraído de http://dikaion.unisabana.edu.co/index.php/dikaion/article/view/1351f.

ORTIZ TORRICOS, Marcela Rita; "El Diálogo entre la Corte Interamericana de Derechos Humanos, los Tribunales Constitucionales de la región Andina y el Tribunal Europeo de Derechos Humanos hacía un derecho americano y global de los derechos humanos"; consultado en: http://www.corteidh.or.cr/tablas/r36475.pdf.

PEGORARO, Lucio; *Derecho Constitucional Comparado*; Tomo 1, Editorial Astrea; México, 2016.

PISARELLO, Gerardo; "Globalización, constitucionalismo y derechos"; en *Teoría del neoconstitucionalismo*; Editorial Trotta e Instituto de Investigaciones Jurídicas UNAM; 2007.

PRIETO SANCHÍS, Luis; "El constitucionalismo de los Derechos"; en *Teoría del Neoconstitucionalismo*; Editorial Trotta; Madrid; 2007.

__; *Justicia Constitucional y derechos fundamentales*; Editorial Trotta; 2da edición; Madrid; 2009.

POZZOLO, Susanna; "Neoconstitucionalismo y Especificidad de la Interpretación Constitucional"; *Doxa* 21-II; 1998.

__; "Notas al margen para una historia del Neoconstitucionalismo"; en *Neoconstitucionalismo, Derecho y Derechos*; Palestra; Lima; 2011.

QUERALT JIMÉNEZ, Argelia; *La interpretación de los derechos: del Tribunal de Estrasburgo al Tribunal Constitucional*; Centro de Estudios Políticos y Constitucionales; 7ma edición; Madrid; 2008.

RÉGIS DE GOUTTES, M.; "Le dialogue des juges"; en: http://www.conseil-constitutionnel.fr/conseil-constitutionnel/root/bank_mm/Colloques/de_goutees_031108.pdf.

ROSS, Alf; *Teoría de las fuentes del derecho*; Centro de Estudios Políticos y Constitucionales; Madrid; 1999.

SAGÜÉS, Néstor Pedro; *La Interpretación judicial de la Constitución*; Ediciones De Palma; Argentina; 1998.

__; *Obligaciones internacionales y control de convencionalidad*; Estudios Constitucionales; Centro de Estudios Constitucionales de Chile; Año 8; N° 1.

__; *Dificultades operativas del control de convencionalidad en el sistema interamericano*; *La Constitución bajo tensión*; Instituto de Estudios Constitucionales del Estado de Querétaro; México; 2016.

__; "La doctrina de la 'Interpretación Conforme' en el ámbito constitucional, y sus proyecciones en el control represivo y constructivo de convencionalidad"; en: *VI Congreso Internacional de Derecho Procesal Constitucional & IV Congreso de Derecho Administrativo*; Funeda; Caracas; 2017.

SILVA ARANGUREN, Antonio; "Los exhortos de la Sala Constitucional"; en *VI Congreso Internacional de Derecho Procesal Constitucional y IV Congreso de Derecho Administrativo*; Funeda; Caracas; 2017.

SILVA GARCÍA, Fernando; "La CIDH y los tribunales constitucionales"; en *I Congreso Internacional sobre Justicia Constitucional*; UNAM, México; 2009.

SKACH, Cindy; *Borrowing constitutional designs*; Princeton University Press; Estados Unidos de Norteamérica; 2005.

SLAUGHTER, Anne Marie; "A typology of transjudicial communication"; 29 University of Richmond Law Review 99; 1994, en: http://scholar.princeton.edu/sites/default/files/slaughter/files/typology.pdf.

TUREGANO MANSILLA, Isabel; *Justicia global: los límites del constitucionalismo*; Palestra; Lima; 2010.

TUSHNET, Mark; *Constitucionalismo y judicial review*; Palestra; Lima; 2013.

__; "The United States: Eclepticism in the service of Pragmatism"; en: *Interpreting constitutions*; Oxford University Press; New York, USA; 2006.

VANOSSI, Jorge Reinaldo; "En torno al concepto de Constitución": sus elementos; en *Libro Homenaje a Manuel García Pelayo*; Tomo I; UCV; Caracas; 1980.

VERGOTTINI, Giuseppe de; *Más allá del diálogo entre tribunales*, Civitas-Thomson Reuters, 2010.

__; "El diálogo entre tribunales", en UNED, *Teoría y Realidad Constitucional*, N° 28, 2011.

VICIANO Pastor, Roberto y MARTÍNEZ DALMAU, Rubén, "Aspectos generales del nuevo constitucionalismo latinoamericano"; en: *El nuevo constitucionalismo en América Latina*; Corte Constitucional; Quito, Ecuador; 2010.

VIGO, Rodolfo Luis; "De la interpretación de la Ley a la argumentación desde la Constitución: Realidad, Teorías y Valoración". *Revista Díkaion*; Volumen 21; N° 21; Cundinamarca; Colombia; Junio 2012.

__; "Constitucionalización y neoconstitucionalismo: riesgos y prevenciones"; en *Libro Homenaje a Héctor Fix-Zamudio*; extraído del portal web: biblio.juridicas. unam.mx/libros/6/2560/21.pdf.

VOETEN, Erik; "Borrowing and nonborrowing among International Courts"; The University of Chicago; en: *The Journal of Legal Studies*; Vol. 39; N° 2; 2010.

WATSON, Alan; *Legal Transplant: an approach to comparative law*; 2da Edición; University of Georgia Press; 1993.

ZAGREBELSKY, Gustavo; "Jueces constitucionales"; en *Teoría del Neoconstitucionalismo*; Editorial Trotta; Madrid; 2007.

__; "El juez constitucional en el Siglo XXI"; en: http://biblio.juridicas.unam.mx/libros/6/2725/7.pdf.

__; *El derecho dúctil*; Editorial Trotta; 9na Edición, 2009.

ZAVALA EGAS, Jorge; *Derecho constitucional, neoconstitucionalismo y argumentación jurídica*; Edilex Editores; Guayaquil, Ecuador; 2010.

Sentencias mencionadas

Todas de la página web: www.tsj.gov.ve

www.ingramcontent.com/pod-product-compliance
Lightning Source LLC
LaVergne TN
LVHW050811061126
851857LV00012B/769